배우는
웹 애플리케이션 개발

Go 언어로 배우는 웹 애플리케이션 개발

1판 1쇄 발행 2024년 2월 15일

지은이 시미즈 요이치로
옮긴이 김완섭
펴낸이 장성두
펴낸곳 주식회사 제이펍

출판신고 2009년 11월 10일 제406-2009-000087호
주소 경기도 파주시 회동길 159 3층 / **전화** 070-8201-9010 / **팩스** 02-6280-0405
홈페이지 www.jpub.kr / **투고** submit@jpub.kr / **독자문** help@jpub.kr / **교재문** textbook@jpub.kr

소통기획부 김정준, 이상복, 김은미, 송영화, 권유라, 송찬수, 박재인, 배인혜, 나준섭
소통지원부 민지환, 이승환, 김정미, 서세원 / **디자인부** 이민숙, 최병찬

진행 김은미 / **교정·교열** 김도윤 / **내지·표지디자인** 이민숙 / **내지편집** 북아이
용지 타라유통 / **인쇄** 해외정판사 / **제본** 일진제책사

ISBN 979-11-92987-43-9 (93000)
값 29,000원

제이펍은 여러분의 아이디어와 원고를 기다리고 있습니다. 책으로 펴내고자 하는 아이디어나 원고가 있는
분께서는 책의 간단한 개요와 차례, 구성과 지은이/옮긴이 약력 등을 메일(submit@jpub.kr)로 보내주세요.

Go 언어로 배우는
웹 애플리케이션 개발

시미즈 요이치로 지음 / 김완섭 옮김

Jpub
제이펍

CHAPTER 1 | Go 언어 알아보기

CHAPTER 2 | context 패키지

CHAPTER **6** │ Go와 객체지향 프로그래밍

CHAPTER **7** │ 인터페이스

CHAPTER **8** │ 오류 처리

CHAPTER 16 │ HTTP 서버를 약한 결합 구성으로 변경하기

CHAPTER 17 │ 엔드포인트 추가하기

이 책은 Go 언어의 문법보다는 Go 언어로 개발할 때 알아두면 유용한 팁을 안내해주는 책이다. Go 언어의 설계 이념을 소개하고 Go에서 접하는 다양한 문제를 어떻게 해결하면 좋을지 함께 고민하면서 진행한다.

이 책의 정점은 후반부다. 전반부가 기존 개발자를 위한 팁 위주라면, 후반부는 실습을 진행한다. ToDo 웹 애플리케이션을 개발하면서 환경 설정부터, 도커 컨테이너 작성, CI/CD 설정, 테스트 작성 등 애플리케이션 개발에 필요한 거의 모든 부분을 실습을 통해 익힐 수 있도록 구성됐다. 실제 도커 환경을 실행해보면 데이터베이스, 웹서버, 애플리케이션, OS 등의 설정이 모두 끝난 상태에서 바로 실행 가능한 상태로 제공되는 것을 알 수 있다.

또 다른 특징은 테스트 코드도 함께 작성한다는 것이다. 단순히 구현만 하는 것이 아니라 테스트 코드도 작성하므로 테스트 작성법과 실행 방법도 함께 익힐 수 있다. 마지막으로 강한 결합 상태의 코드를 리팩터링해서 약한 결합 상태로 만드는 방법도 실습을 통해 알려준다. 실습 자체가 최신 개발 기술을 전부 사용하고 있어 Go뿐만 아니라 주변 환경도 같이 학습할 수 있는 좋은 기회가 될 것이다.

김완섭

김진영

Go 문법의 기본을 먼저 알고 보면 좋습니다. 초반에는 Go로 개발을 하기 위해 알아야 하는 주요 개념을 먼저 정리한 후 웹 어플리케이션 개발을 진행합니다. CI/CD, 도커, 깃Git에 대한 기본 지식이 없다면 학습에 조금 어려울 수도 있습니다. 해당 개념을 먼저 이해하고 보는 것이 좋겠지만, 바르게 학습하고 싶어 문법만 배운 후 이 책을 접했다면 ChatGPT도 함께 사용해볼 것을 추천합니다.

 윤승환(코드벤터)

평소에 Go에 관심이 있었던 백엔드 개발자에게 추천합니다. 기존 개발자를 위한 팁과 내용이 많아 도움이 되었습니다.

 이기하((사)오픈플랫폼 개발자커뮤니티)

요즘 고성능이 필요한 곳의 백엔드에서는 Go 언어를 많이 사용합니다. 웹 어플리케이션 개발에 유용한 다양한 패턴을 실습을 통해서 익힐 수 있는 책입니다. 만약 Go 언어를 잘 모른다면 실행 방법 등의 기본을 익힌 후 보면 더 좋을 것 같습니다.

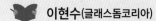 **이현수**(글래스돔코리아)

다양한 프로그래밍 언어를 경험했지만 Go는 그 어떤 언어와도 다릅니다. 단순함을 추구하는 Go만의 철학이 있어 기존의 언어 관습을 가졌다면 맞지 않을 수도 있습니다. 저도 다른 언어를 사용하다가 처음 Go를 접하고 적응하던 시기에 그랬습니다. 이 책은 Go를 좀 더 Go답게 사용하는 방법을 이해하는 데 도움을 줄 것입니다.

제이펍은 책에 대한 애정과 기술에 대한 열정이 뜨거운 베타리더의 도움으로
출간되는 모든 IT 전문서에 사전 검증을 시행하고 있습니다.

감사의 글

이 책은 많은 분의 도움으로 출판까지 이를 수 있었다.

필자가 Go를 처음 접했던 것은 시바타 씨의 Go 프로그래밍 언어 연수였다. 시바타 씨는 이 책의 감수자로 참여해주었으며, 많은 기술적 조언뿐만 아니라 표기 오류 등 도서의 집필적인 부분도 조언해주었다.

이 밖에도 Go Conference 운영 슬랙에서 알게 된 머니 포워드의 @luccafort 씨, 그리고 같은 회사에서 엔지니어로 근무하고 있는 uji 씨, '추측하지 말고 계측하라'라는 좌우명을 가진 야마구치 씨, 퓨처 주식회사의 시부야 씨, '인류를 고퍼화하는 계획'을 진행 중인 @tenntenn 씨, 이토 씨, Go 언어 사양 간담회의 syumai 씨, 히라이 씨, 충성과 감사가 신조인 이와타 씨 등이 많은 도움을 주었다.

끊임없이 도전하는 요시무라 씨, 이노우에 씨, 기타니 씨, '일단 해보자'가 좌우명인 구노 씨, koji/안경남 씨, '지속은 힘이다'가 좌우명인 다다 씨도 좋은 의견을 주었다.

많은 분이 도움을 주었음에도 오탈자나 내용이 잘못되었다면 모두 필자의 책임이다. 워라밸에 도움을 준 BASE BANK 팀 모두에게도 감사를 전한다. 또한, 출판의 기회를 준 C&R 연구소C&R研究所의 이케다 대표님과 담당자 요시나리 씨에게도 감사하다.

마지막으로 쌍둥이 육아로 바쁜 가운데 1년간 집필을 지원해준 아내 아유미, 휴일에 아이들을 대신 돌봐준 아버지와 어머니, 고퍼 티셔츠를 아주 좋아하는 딸과 아들에게도 감사의 말을 전한다.

시미즈 요이치로

Go는 2012년 3월에 버전 1이 출시된 후 약 10년이 지났다.[1] 그동안 다양한 기업이 Go 를 도입했으며 사용 방식도 다양하다.[2] 이 책은 Go로 REST API 웹 애플리케이션을 개 발할 때 필요한 지식을 집중적으로 다룬다.

Go는 표준 패키지만으로도 다음과 같은 특징을 가진 고성능 웹 애플리케이션을 개발 할 수 있다.

- 추가 미들웨어middleware의 도입 없이 병렬로 요청을 처리할 수 있다.
- 데이터베이스 연결 풀을 관리할 수 있다.
- 컴파일이 가능한 유연한 빌드 시스템을 다양한 플랫폼에 제공한다.
- 단일 바이너리 파일을 사용해 배포할 수 있다.

공유 라이브러리에 의존하지 않는 단일 바이너리를 사용해 배포할 수 있어 프로덕션 서버 또는 컨테이너 이미지의 크기를 줄일 수 있으며, 설정이나 배포 파이프라인deploy pipeline도 단순화할 수 있다. 실행도 빨라서 AWS 람다AWS Lambda나 구글 클라우드 런 Google Cloud Run 같은 서비스형 함수function as a service, FaaS와도 궁합이 좋다.

또한, 개발 효율을 향상시킬 수 있는 개발 지원 기능도 다양하게 제공한다. Go를 설치 하는 것만으로도 다음과 같은 기능들을 사용할 수 있으며, 오픈소스의 정적 분석 및

---

1   https://go.dev/doc/devel/release#go1
2   https://go.dev/wiki/GoUsers

코드 자동 생성 기능도 지원한다.

- 의존 패키지 버전 관리: go mod 명령
- 코드 자동 생성: go generate 명령
- 단위 테스트 실행: go test 명령
- 벤치마크 테스트: go test -bench 명령
- 병렬 처리의 경합 상태 감지: go test/go run 명령의 -race 옵션
- 프로파일링을 통한 성능 확인: pprof 기능
- 포맷 규칙을 설정할 필요 없는(설정할 수 없는) 포매터formatter: go fmt 명령
- 구현 실수를 지적해주는 정적 분석 기능: go vet 명령

무엇보다 Go는 Go 1.x 버전 간 하위 호환성이 유지되는 것이 특징이다.[3] 2022년 3월에 출시된 Go 1.18에서는 제네릭generics이 도입됐지만 하위 호환성을 계속 유지했다.[4] 필자는 지난 5년 동안 실무에서 Go를 사용했지만 버전 업그레이드 때문에 프로덕션 환경을 수정해야 했던 적은 거의 없었다.[5] 오래된 코드도 수정 없이 사용할 수 있어 지금도 과거 방식을 사용할 수 있다. 하지만 새롭게 언어를 배우는 사람들은 블로그나 과거 학회 자료 등에서 다음과 같은 정보를 찾아내는 것이 어렵다.

- context 패키지나 database/sql 패키지 등의 필수 패키지 사용법
- testing 패키지 외의 표준 패키지를 사용한 테스트 기법
- 업계 표준이 된 외부 오픈소스
- 누구나 한 번쯤은 코드 리뷰에서 지적당한 적이 있는 웹 애플리케이션을 구현할 때 발생할 수 있는 실수/실패

이 책에서는 베테랑 고퍼Gopher[6]가 항상 사용하는 디자인 패턴과 표준 패키지, 그리고 외부 오픈소스를 사용한 코딩 기법을 소개한다.

---

3 https://go.dev/doc/go1compat
4 https://go.dev/doc/go1.18
5 패키지 관리 방법이나 툴 설치 순서를 변경해야 하는 경우는 있었다.
6 PHP 프로그래머를 PHPer, 러스트(Rust) 프로그래머를 러스타시안(Rustacean)이라고 부르듯이 Go 프로그래머를 고퍼라고 부른다.

● 대상 독자

이 책의 대상 독자는 Go 중급자가 되길 원하는 사람이다. 다음과 같은 고민을 해결하는 것이 목표다.

- Go 문법은 알고 있지만 실제로 개발할 때는 어느 부분을 주의해야 하는지 잘 모른다.
- Go를 사용한 웹 애플리케이션 개발 프로젝트에 배치됐지만 왜 이렇게 작성해야 하는지 이유를 모르는 코드가 많다.

이를 위해서 단지 코드를 보여주는 것이 아니라 '왜 이렇게 작성할까?'라는 관점으로 코드를 설명한다.

● 이 책의 구성

이 책은 크게 두 개의 파트로 구성된다. 1~12장까지는 웹 애플리케이션 개발을 위한 사전 지식으로, Go 언어의 설계 이념과 편리한 패키지 기능을 설명한다. 또 이미 다른 프로그래밍 언어를 알고 있는 독자나 다른 프로그래밍 언어의 객체지향 도서를 읽어본 독자가 Go를 사용할 때 접하는 어려움과 코드를 간결하게 작성하는 방법을 소개한다.

13장 이후부터는 Go를 활용한 웹 애플리케이션 개발 방법을 실습 형태로 설명한다. 테스트 코드를 작성하고 점진적으로 변경 사항을 적용하기 때문에 실제 업무에 적용할 수 있는 API 서버 구축 방법을 배울 수 있다.

실제 업무를 하다 보면 코드 리뷰를 할 때 '고민했지만 지워버린 코드'나 '작성자의 의도를 몰라 작성 이유를 이해하지 못하는 코드' 등을 접할 때가 있을 것이다. 13장 이후에는 최소한의 코딩만 한 후 테스트나 추가 코드에서 문제점을 찾아가면서 점진적으로 기능을 추가하는 작업을 반복한다.

이처럼 구성한 이유는 필자가 영향을 받은 《클린 소프트웨어》(제이펍, 2017년)에 있다. 이 책의 6장 '프로그래밍 에피소드'에서는 밥 코스와 밥 마틴이 함께 페어 프로그래밍 pair programming을 통해 테스트 주도 설계를 적용하면서 볼링 점수 계산 프로그램을 만드는 장면이 나온다. 왜 그런 판단을 했는지 설명하면서 점진적으로 테스트 코드와 프로그램 코드를 개선하는 내용으로, 조금씩 수정하거나 경우에 따라서는 큰 변경을 적용하면서 프로그램을 완성해간다. 해당 장 마지막 부분에는 채워지지 않은 코드도 꽤 있었다. 이러한 설명 방식에 저자는 크게 감명받았다. 갑자기 최종 코드를 갑자기 보여주면 이해하지 못하지만, 시행착오 과정을 함께 읽는다면 더 쉽게 이해할 수 있다.

독자들도 어떤 이유로 코드를 작성하는지 생각하며 배우는 기회가 되길 바란다.

● 예제 코드

13장부터 구현하는 웹 애플리케이션은 다음 깃허브 저장소에서 코드를 공개한다. 지면 관계상 일부 코드만 보여주기 때문에 이해하기 어려운 경우에는 전체 코드를 참고하도록 하자. 또한, 한 줄로 작성해야 하는 코드를 공간이 부족해 다음 줄에 작성한 부분도 있다. 실제 코드가 어떻게 작성됐는지 확인할 때도 참고하면 도움이 될 것이다.[7]

- https://github.com/budougumi0617/go_todo_app

● 각종 툴 버전 및 실행 환경

이 책의 예제 코드 및 명령줄 실행 환경은 표 0.1과 같다(집필 시점 기준).

표 0.1 **사용한 툴의 버전 정보**

툴 이름	버전 정보
OS	macOS 몬터레이 12.3.1 윈도우 10
Go	1.20.x(1.21.x 버전에서도 실행되는 것을 확인)
도커	4.8.1
MySQL	8.0.29

---

7   [옮긴이] 원서 코드의 주석을 번역한 코드는 다음 주소에서 다운받을 수 있다. https://bit.ly/golang_jpub

CHAPTER

01

Go 언어 알아보기

*Web Application Development
in Go Programming Language*

Go는 구글에서 소프트웨어를 개발할 때 생산성을 향상시키고 대규모 시스템의 확장성을 높이기 위해 만들어낸 프로그래밍 언어다. 프로그래밍 언어 탄생 배경을 알고 장점 및 스타일을 이해하면 해당 언어의 기능을 최대한으로 활용한 설계 및 코딩을 할 수 있다.

Go는 다른 객체지향 언어나 정적 타입 언어와 사양이 다른 부분이 있다. 따라서 다른 언어의 사양을 전제로 한 설계 패턴이나 예제 코드를 그대로 사용하려고 하면 안티패턴anti-pattern이 되는 경우도 있다.

001 프로그래밍 언어의 탄생 배경을 알아야 하는 이유

소프트웨어 개발에 사용되는 프로그래밍 언어는 무수히 많다. 1940년대에 첫 프로그래밍 언어가 개발됐으며,[1] 80년이 지난 지금도 새로운 프로그래밍 언어가 탄생하고 있다. 새로운 언어는 기존 언어로 해결하지 못한 문제를 해결하기 위해 등장한다. 예를 들어 루비Ruby는 프로그래밍 재미를 최대화하는 것을 목적으로 설계 및 개발됐다.

프로그래밍 언어의 개발 배경, 설계 이념, 사용 방법 등을 아는 것은 설계 및 코딩 시 망설이게 될 상황이 발생했을 때 판단 기준이 될 수 있다. 그렇다면 Go는 어떤 이유로 만들어졌는지 알아보자.

● Go가 탄생한 이유

Go가 탄생한 이유는 Go의 공식 FAQ 페이지의 'Go at Google'[2]에, 자세한 개발 배경은 'Why did you create a new language?'[3]에 공개되어 있다. 간략하게 정리해서 소개하겠다.

2007년 구글이 개발한 프로그래밍 언어인 Go는 당시 구글이 겪던 다음과 같은 문제를 해결하기 위해 탄생했다.

- 수십 분, 수 시간이 걸리는 빌드
- 동일한 내용의 표현 방법이 프로그래머마다 달라서 생기는 가독성 저하
- 자동화 툴 작성이 어려움
- 높은 비용이 드는 버전 관리 및 버전 변경

---

1   https://ko.wikipedia.org/wiki/프로그래밍_언어
2   https://go.dev/talks/2012/splash.article
3   https://go.dev/doc/faq#creating_a_new_language

- 멀티 코어 프로세서, 네트워크 시스템, 대규모 계산 클러스터 및 웹 프로그래밍 모델에서 개발할 때 발생하는 문제

Go는 이와 같은 문제를 해결하고자 다음과 같은 목표를 가지고 개발됐다.

- 동적 타이핑dynamic typing 언어의 특징인 쉬운 프로그래밍
- 정적 타이핑static typing 언어가 가진 효율성과 타입 안정성
- 네트워크 프로그래밍, 멀티 코어 프로그래밍을 간단하게 구현해주는 병렬 처리 작성법
- 대규모 시스템 및 대규모 개발 팀에 필요한 효율적인 프로그래밍
- 간단한 언어 기능

공식 블로그인 'Go's New Brand'[4]에 공개돼 다운받을 수 있는 브랜드북Brand Book의 mission & vision 페이지에는 다음 두 가지를 공개한다.

- Creating software at scale(대규모 소프트웨어 개발)
- Running software at scale(대규모 소프트웨어 운영)

여기서 알 수 있는 Go 언어의 중요한 특징은 학술적인 목적으로 개발된 언어가 아니라 대규모 팀 개발에서 발생하는 문제를 해결하고자 만들어졌다는 점이다. 이는 객체지향이나 함수형 프로그래밍의 기초가 되는 이론이나 수학적 접근법은 Go에서는 표현하기 어렵다는 의미이기도 하다.

따라서 다음과 같은 목적으로 Go를 사용하면 아쉬움을 느끼거나 코드를 길게 작성해야 할 수도 있다.

- 객체지향의 ○○라는 개념을 Go로 작성하고 싶다.
- X라는 언어의 한 줄 코드를 Go로 이식하고 싶다.

---

4   https://go.dev/blog/go-brand

Go는 시스템 개발 중에 발생하는 문제를 해결하기 위해 탄생한 언어이기 때문에 개발자들의 요구에 따라 설계 이념을 지키는 범위 내에서 기능을 확장하는 경우도 있다.

실제로 Go는 모듈 버전 관리 기능을 Go 1.11부터 공식 기능으로 제공한다.[5] 또한, Go 1.16부터는 실행 바이너리에 파일을 첨부하는 **go:embed** 지시문이 공식 기능으로 추가됐다.[6]

---

5 옮긴이 https://go.dev/doc/go1.11#modules
6 https://go.dev/doc/go1.16#library-embed

002 망설여질 때는 간단한 것을 선택하기

이와 같은 배경 및 설계 이념을 가진 Go를 최대한 활용하려면 설계와 코딩을 할 때 '간단한가'를 판단 기준으로 삼으면 된다. Go로 설계했을 때 '다른 언어에서 사용되는 좋은 패턴을 사용하자'가 아니라 '어떻게 작성하면 간단할까'를 판단 기준으로 삼자.[7]

Go를 작성할 때는 먼저 Effective Go[8]나 Go Code Review Comments[9] 등의 코딩 가이드라인을 따라해볼 것을 권장한다. 'Go에 발을 들였다면 Go를 따르라'[10]라는 말처럼 여러분을 간단한 프로그래밍의 길로 인도할 것이다.

---

7 Go를 사용해 자바 패턴의 코드를 작성하는 것을 'Java-esque code'라고 하며, 이를 피하는 고퍼도 있다(https://twitter.com/dgryski/status/1443613501251993609).

8 https://go.dev/doc/effective_go

9 https://go.dev/wiki/CodeReviewComments

10 Go 컨퍼런스 2014 가을 기조 연설에서 우카이 후미토시(鵜飼 文敏)가 발표한 주제다.

02

context 패키지

*Web Application Development
in Go Programming Language*

2장에서는 Go로 웹 애플리케이션을 개발할 때 반드시 사용하게 되는 context 패키지를 설명한다. 웹 애플리케이션용 함수나 메서드를 정의할 때는 첫 번째 인수를 context.Context 타입값으로 지정한다(정확히는 'context.Context 인터페이스를 만족하는 타입의 값'이지만, 용어가 길기 때문에 'context.Context 타입값'으로 통일한다). context 패키지를 사용하면 간단하게 함수 간 혹은 고루틴 간 중단 처리를 전달하는 것은 물론 메타데이터 정보도 전달할 수 있다.

003 context 패키지 개요

context 패키지[11]는 Go 1.7부터 추가된 표준 패키지다.[12] context 패키지 역할은 다음의 두 가지다.

- 중단cancel이나 마감deadline을 알린다.
- 요청 또는 트랜잭션transaction 범위의 메타데이터metadata를 함수나 고루틴에 전달한다.

context 패키지가 제공하는 기능은 다음과 같다. 참고로 주석을 제외하면 전체 코드가 400줄 미만이다.

- 사전 정의된 오류
  - ▶ Canceled
  - ▶ DealineExceeded
- func WithCancel(parent Context) (ctx Context, cancel CancelFunc)
- func WithDeadline(parent Context, d time.Time) (Context, CancelFunc)
- func WithTimeout(parent Context, timeout time.Duration) (Context, CancelFunc)
- type CancelFunc
  - ▶ func()(인수, 반환값 없는 함수)
- type Context 인터페이스
  - ▶ func Background() Context
  - ▶ func TODO() Context
  - ▶ func WithValue(parent Context, key, val interface{}) Context

---

11 https://pkg.go.dev/context
12 https://go.dev/doc/go1.7#context

유일하게 정의된 context.Context 인터페이스는 코드 2.1과 같다.

코드 2.1 context.Context 인터페이스 정의

```
type Context interface {
    Deadline() (deadline time.Time, ok bool)
    Done() <-chan struct{}
    Err() error
    Value(key interface{}) interface{}
}
```

> **COLUMN** **XXX 타입값**
>
> 'XXX 타입값'이라는 표현은 자바 등의 프로그래밍 언어에서 말하는 'XXX 클래스 객체'나 'XXX 클래스 인스턴스'와 같다. Go 언어 사양에는 'XXX 타입 객체'라는 표현이 없기 때문에 이 책에서는 'XXX 타입값'이라고 표현한다.

004 왜 context 패키지를 사용하는가?

HTTP 서버 개발에서 context 패키지 이용은 필수다. 엔드포인트 내부에서는 클라이언트 통신 단절이나 타임아웃 등을 context.Context 타입만 알 수 있기 때문이다.[13]

중단 처리를 감지하지 못하면 다음과 같은 상황이 발생해도 중단하지 않고 계속 처리를 한다. 적절한 중단 처리를 하지 못하면 데이터 불일치가 발생할 수 있다.

- 요청이 타임아웃됐지만 처리를 계속한다.
- 서버를 정지하고자 중단 처리를 실행해도 요청 처리가 중단되지 않아서 서버 프로세스가 종료되는 순간까지 처리를 계속하며 결국 요청 처리 도중에 중단된다.

HTTP 서버의 엔드포인트 개발 시에는 net/http 패키지의 *http.Request 타입의 Context 메서드에서 얻는 context.Context 타입값을 사용한다. 클라이언트가 요청을 중단하면 *http.Request 타입값에서 얻을 수 있는 context.Context 타입값이 중단 상태로 바뀌는 것뿐이다. 즉 HTTP 핸들러의 코드 내에서 중단됐다는 것을 아는 유일한 방법은 context.Context 타입값을 확인하는 것이다. context.Context 타입값의 상태를 확인하지 않으면 '클라이언트가 중단을 요청했지만 영원히 처리가 계속되는 상황'이 발생한다. 이는 데이터 불일치를 초래할 수 있다.

대부분 패키지는 context.Context 타입값을 사용하는 것을 전제로 설계됐다. 2022년(집필 시점) 폭넓게 사용된 오픈소스나 표준 패키지의 함수 및 메서드가 첫 번째 인수로 context.Context 타입값을 사용한다. 또한, 데이터베이스 처리를 하는 database/sql 패키지의 여러 메서드도 context.Context 타입값을 첫 번째 인수로 사용한다.

---

13 타임아웃은 클라이언트가 지정한 시간을 초과한 경우 context 패키지 내에서 중단 처리가 이루어진다.

이와 같은 이유로 HTTP 핸들러 내에서 사용하지 않아도 함수나 메서드를 설계할 때는 *http.Request에서 취득한 context.Context 타입값을 항상 지정하도록 해야 한다. 중단 처리를 전달하는 목적 외에도 함수나 메서드에서 context.Context 타입값을 지정해야 하는 또 다른 이유가 있는데, 바로 메타데이터metadata를 투과적으로 전파하는 것이다.

트레이스trace나 메트릭metric을 측정하는 툴은 어떤 함수에서나 호출할 수 있어야 한다. 이런 툴이 분산 트레이스를 하려면 트레이스 ID 등이 필요하다. Go에서 사용하면 context.Context 인수 내 context.WithValue 함수로 트레이스 ID나 요청 ID를 첨부해서 호출한 곳으로 전파한다. context.Context 인수를 경유해 전달하기 때문에 추가적인 인수를 사용하지 않아도 된다.

코드 2.2 **항상 context.Context 타입값을 전달한다**

```go
func Handle(w http.ResponseWriter, r *http.Request) {
  var body struct {
    ID int
  }
  if err := json.NewDecoder(r.Body).Decode(&body); err != nil {
    // 오류 처리
  }
  b, err := GetBook(r.Context, body.ID)
  // 남은 처리
}

// 로직 내에 context를 사용할 예정이 없는 메서드
func GetBook(ctx context.Context, id int) (*Book, error){
  // 호출한 함수나 메서드에서 context가 필요한 경우도 있다.
  rows, err := db.QueryContext(ctx, "SELECT id, name, isdn, price FROM books WHERE id=?", id)
  // 남은 처리
}
```

005 중단 알림

context 패키지를 사용한 중단 처리 방법을 알아보자. 먼저 중단을 알리는 방법부터 보자.

● 임의의 시점에 중단

특정 처리에 실패하면 context.Context 타입값을 공유하는 모든 처리를 중단해야 하는 경우가 있다. 이때 WithCancel 함수로 CancelFunc 타입의 값을 얻은 context. Context 타입값을 호출한 곳으로 반환한다.

코드 2.3은 WithCancel 함수를 사용한 예제다.[14] 두 번째 Child 함수 호출은 이미 중단 돼 문자열을 출력하지 않는다. context.Background 함수[15]는 루트에 있는 최상위 계층의 context.Context 타입값을 생성한다.

코드 2.3 WithCancel 함수를 사용한 중단할 수 있는 context.Context 타입값

```go
func child(ctx context.Context) {
  // 함수 처리를 시작하기 전에 context.Context 상태를 검증한다.
  if err := ctx.Err(); err != nil {
    return
  }
  fmt.Println("중단되지 않음")
}

func main() {
  ctx, cancel := context.WithCancel(context.Background())
  child(ctx)
  cancel()
  child(ctx)
}
```

---

14 https://go.dev/play/p/ltb8eZT5Lrc
15 https://pkg.go.dev/context#Background

● 제한 시간 설정

context.Context 타입값에 시간 제한을 설정하는 두 가지 방법이 있다.

- 지정한 시각을 경과한 경우 중단한다.
- 지정한 기간을 경과한 경우 중단한다.

전자는 time.Time 타입의 값을 context.WithDeadline 함수[16]에 사용한다. 후자는 time.Duration 타입의 값을 context.WithTimeout 함수[17]에 사용한다.

코드 2.4 WithDeadline 함수와 WithTimeout 함수

```
func WithDeadline(parent Context, d time.Time) (Context, CancelFunc)
func WithTimeout(parent Context, timeout time.Duration) (Context, CancelFunc)
```

정해진 제한 시간 내에 처리를 못하면(완료하지 못하면 바로 타임아웃 오류를 발생시켜야 하는 경우) 사용한다. 두 함수 모두 반환값으로 CancelFunc 함수를 얻을 수 있어 defer 문으로 해당 함수를 지연 호출해서 리소스 누수를 방지할 수 있다.

다음으로 중단 알림을 받는 방법을 알고자 호출되는 쪽의 구현 방법을 확인해보자.

---

16 https://pkg.go.dev/context#WithDeadline
17 https://pkg.go.dev/context#WithTimeout

006 중단 알림 받기

중단 알림을 받는 방법은 다음과 같은 조건으로 구분해야 한다. 구현 방법이나 상태에 따라 처리가 중단되기 때문에 정확하게 설계해야 한다.

- 반드시 중단 알림이 오는 상황을 전제로 하는가?
- '대기' 상태에서 중단 알림을 받는가?

● 중단 처리의 완료 여부

중단 알림이 있는지 명확하지 않고 무거운 처리 전에 중단이 완료됐다는 것을 확인하고 싶은 경우에는 context.Context.Err 메서드만으로도 충분하다. 코드 2.3의 child 함수가 해당한다. DB 접속이나 HTTP 통신 같은 경우는 *sql.DB.ExecContext 메서드 등의 context.Context 타입값을 전달하는 메서드를 호출하면 이미 내부에서 검증을 하고 있어 실제로는 중단 처리 완료 여부를 작성하지 않아도 된다.

● 중단될 때까지 대기

중단 알림(완료 알림)이 올 때까지 처리를 대기하는 경우에는 context.Context.Done 메서드에서 얻은 채널을 통해 알림을 기다린다. 코드 2.5는 타임아웃 때문에 발생하는 중단 알림을 기다리는 예제다.[18] 실무에서는 별도의 고루틴으로 알림을 기다리는 경우가 많다.

---

18 https://go.dev/play/p/sGOlHJ-zPzF

코드 2.5 context.Context.Done 메서드에 중단 알림을 기다린다

```
func main() {
  ctx, cancel := context.WithTimeout(context.Background(), time.Millisecond)
  defer cancel()
  go func() { fmt.Println("다른 고루틴") }()
  fmt.Println("STOP")
  <-ctx.Done()
  fmt.Println("그리고 시간은 움직이기 시작한다")
}
```

● 중단될 때까지 다른 처리의 반복

중단될 때까지 다른 처리를 반복해야 한다면 select 문과 Done 메서드를 사용한 폴링 polling을 구현한다. 대표적인 예가 워커 패턴worker pattern으로, 중단 알림이 올 때까지 태스크의 수신 및 처리, 대기를 반복한다.

select 문은 조작을 다중화할 수 있는 제어 구문이다. case에는 채널의 수신 조작을 기재하며, 조건에 맞는 case를 만나서 처리를 진행할 때까지 대기한다. default가 정의된 경우 어떤 case도 조건을 만족하지 않으면 default에 있는 처리를 실행한다. default가 정의돼 있지 않으면 case 조건 중 하나가 조건을 만족할 때까지 처리가 중단된다.

코드 2.6은 Done 메서드를 통해 얻은 채널에서 메시지를 수신할 때까지 task 채널의 작업을 대기 및 처리하는 것을 무한 반복한다.[19] 채널 알림이 없을 때는 default에 있는 출력을 반복한다.

코드 2.6 select 문을 사용해서 대기한다

```
func main() {
  ctx, cancel := context.WithCancel(context.Background())
  task := make(chan int)
  go func() {
```

---

19 https://go.dev/play/p/9FSIn-DC5Di

```
    for {
      select {
      case <-ctx.Done():
        return
      case i := <-task:
        fmt.Println("get", i)
      default:
        fmt.Println("중단되지 않음")
      }
      time.Sleep(300 * time.Millisecond)
    }
  }()
  time.Sleep(time.Second)
  for i := 0; 5 > i; i++ {
    task <- i
  }
  cancel()
}
```

007 context.Context 타입값에 데이터 포함시키기

context.Context 타입값에 데이터를 포함시키려면 context.WithValue 함수를 사용한다. context.WithValue 함수에서 설정한 데이터는 Value 메서드에서 얻는다. 데이터는 any 타입의 값으로 전달된다. 매번 키로 전달할 값을 지정하거나 **타입 어서션**type assertion을 사용해야 하는 번거로움을 피하려면 설정용이나 취득용 헬퍼 함수를 정의하면 좋다.

키key에는 빈 구조체로 자체 정의한 타입을 사용하는 것이 일반적이다. 기본 타입은 다른 패키지와 키가 충돌할 가능성이 있어 피해야 한다.

코드 2.7은 context.Context을 사용해 값을 설정하거나 가져오는 헬퍼 함수의 예다.[20] type TraceIDKey struct{}와 자체 정의한 타입을 사용해 값을 설정하거나 불러온다.

코드 2.7 context.Context 타입값에 데이터를 설정한다

```
type TraceID string

const ZeroTraceID = ""

type traceIDKey struct{}

func SetTraceID(ctx context.Context, tid TraceID) context.Context {
  return context.WithValue(ctx, traceIDKey{}, tid)
}

func GetTraceID(ctx context.Context) TraceID {
  if v, ok := ctx.Value(traceIDKey{}).(TraceID); ok {
    return v
  }
  return ZeroTraceID
}
```

---

20 https://go.dev/play/p/8AaSycml7Rq

```
func main() {
  ctx := context.Background()
  fmt.Printf("trace id = %q\n", GetTraceID(ctx))
  ctx = SetTraceID(ctx, "test-id")
  fmt.Printf("trace id = %q\n", GetTraceID(ctx))
}
```

008 context.Context 타입값을 처리할 때 주의점

context 패키지는 간단하고 유연한 API를 제공한다. 다양한 사용법이 있지만 지금은 주의할 점과 피해야 할 사용 방법을 설명한다.

● context 조작은 일방통행

context 패키지를 사용할 때 모든 조작이 호출하는 곳으로 전파되지 않는다는 점을 주의해야 한다. context 패키지가 제공하는 함수와 context.Context 인터페이스의 메서드를 보면 다음의 연관성이 있는 것을 알 수 있다.

- 중단이나 값을 설정할 때(WithXXX 함수를 사용할 때)는 함수의 반환값으로 context.Context 타입값을 가져온다.
- context.Context 인터페이스의 메서드에는 참조 타입 메서드밖에 없다.

즉 호출된 메서드에서 context.Context 타입값을 조작해도 변경 내용을 호출한 메서드로 전달하지 않는다. 호출된 메서드 내에서 WithValue 함수를 사용해도 자신이 호출하는 메서드 외의 다른 비동기 처리에 값을 전달할 수 없는 것이다. 또한, WithTimout 함수를 사용해도 다른 처리에 중단을 설정할 수 없다.

참고로 호출한 메서드가 context.Context 타입값 뿐만 아니라 WithCancel 함수를 사용해 가져온 CancelFunc 타입값도 호출한 메서드의 인수로 전달하면 호출된 메서드 측에서 중단 처리를 할 수 있다.

● context.Context 인터페이스는 구조체 필드에서 제외

context.Context 타입값을 구조체 필드에 저장하면 대상 범위scope가 모호해지는 상황이 발생한다. 메서드 내에서 context.Context 타입값을 사용하는 경우에는 인수로 context.Context 타입값을 받으려고 한다. 구조체에 context.Context 타입값을 필드로 저장한 경우의 문제점은 Go 공식 블로그에서 확인하자.[21]

---

21 https://go.dev/blog/context-and-structs

009 context.Context 타입값에 포함되는 정보

context.Context 타입값에 모든 데이터를 포함시킬 수 있다. 하지만 context.Context 타입값에 포함할 수 있는 데이터는 context 패키지 주석에 다음과 같이 설명돼 있다.

> 콘텍스트값에는 처리나 API를 거치는 요청 범위requested scope의 데이터만 사용하고, 만약 선택적 인수를 함수에 전달하고 싶을 때는 사용하지 않아야 한다. 동일한 콘텍스트를 다른 고루틴에서 실행되는 함수에 전달할 수 있다. 많은 고루틴에서 동시에 콘텍스트를 사용해도 안전하다.

여기서 설명하는 context.Context 타입값에 포함시킬 수 있는 데이터를 정리해보자.

- API의 요청 범위(트랜잭션 범위) 값을 포함시킨다.
- 함수의 추가 인수(선택적 인수)는 포함시키지 않는다.
- context.Context 타입값은 여러 고루틴에서 동시에 사용해도 안전하다.

context.Context 타입값에 포함시킬 수 있는 요청 범위를 생각해보기 전에 두 번째 항목인 '함수의 추가 인수(선택적 인수)는 포함시키지 않는다'를 먼저 살펴보자. context. Context 타입값에 함수 로직과 관련된 값을 포함시켜서는 안 된다. WithValue 함수에서 가져온 값을 사용해 함수나 메서드 처리가 바뀐다면 그 값은 함수나 메서드의 인수로 전달해야 한다.

극단적으로 말하자면 함수가 필요한 외부 데이터를 모두 context.Context 타입값에 포함시키고 인수를 context.Context 타입값만 사용할 수도 있다. 하지만 함수나 메서드는 이름, 인수, 반환값 등에 따라 코드를 해석하는 사람에게(또는 사용하는 사람에게) 필요한 요소나 정보를 전달하기 때문에 context.Context 타입값 내에 필요한 정보가 숨겨져 있으면 해석하는 쪽은 해당 함수나 메서드에서 필요한 정보를 판단할 수 없게 된다.

다음은 요청 범위 값을 보자. 앞선 설명처럼 함수나 메서드 로직에 직접 영향을 주는 값을 포함시키지 않는다면 다음과 같은 정보를 전달할 수 있다.

- 요청하는 쪽의 IP 주소
- 사용자 에이전트
- 리퍼러referrer
- 부하분산이나 서비스형 소프트웨어software as a service, SaaS에서 할당한 요청 ID
- 요청 수신 시간

이 정보들은 개별 요청이 가진 고유 정보다. 로그 출력이나 오류 보고서 안에 포함시켜 문제를 조사할 때 효율성이 높아진다. 이 밖에도 사용하는 SaaS나 외부 라이브러리에 따라 context.Context 타입값을 통해 투과적으로 애플리케이션 로직 내 메타데이터를 전파하기도 한다.

> **COLUMN** **인증/권한 정보는 context인가?**
>
> -
>
> context.Context 타입값에는 함수 로직과 관련된 값을 포함하면 안 된다고 했지만 인증/권한 정보에 대한 의견이 나눠진다. 애플리케이션을 구현할 때는 인증/권한 정보를 비즈니스 로직 내에 두지 않는다. 이는 비즈니스 로직과 인증/권한 정보를 분리하는 한 가지 접근법이다. 인증/권한 정보 처리는 조직에 따라 다양한 형식을 사용한다.
>
> - 단순한 로그인 정보를 사용한 인증
> - 접근 제어 목록access control list, ACL을 사용한 권한
> - Auth0[22]등의 서비스형 플랫폼platform as a service, PaaS을 사용한 인증/권한
>
> 또한, 각 개발팀이나 개발자가 독자적으로 인증/권한 기능을 구현하는 것은 DRYdon't repeat yourself(스스로 코드를 반복해서 작성하지 마라) 코드를 작성하거나 실수를 하게 될 수 있어 되도록 피해야 한다. 인증 및 허가 처리를 잊는 경우도 있다. 이를 방지하려면 각 개발자에게 '각 기능이나 HTTP 핸들러의 개발자가 반드시 인증 및 허가 처리를 호출해야 한다'는 규칙을 부여하는 것보다 기반 기능을 제공하는 팀 또는 인증/권한 기능 개발 팀이 구현한 미들웨어 및 라이브러리를 강제적으로 적용하게 만드는 것이 안전하다.

---

22 https://auth0.com/

이 방식을 반영한 구현 패턴 중 하나가 바로 코드 2.8이다. context.Context 타입값 내의 인증/권한 정보를 검증해서 데이터 접근 여부를 결정하는 것이다. 데이터베이스 조작이나 API 요청을 전송하는 공통 클라이언트에 인증/권한 검증 처리를 구현하면 애플리케이션 팀은 비즈니스 로직 구현에 집중할 수 있다.

코드 2.8 context 패키지를 사용한 인증/권한 처리 아이디어

```go
import "example.com/auth" // 인증/권한을 위한 독자 로직을 정의한 패키지
type MyDB struct {
  db *sql.DB
}

// ExecContext는 *sql.DB와 같은 명칭의 메서드를 context 객체를 통해
// 인증 기능으로 래핑(wrapping)한 메서드
func (mydb *MyDB) ExecContext(ctx context.Context, query string, args ...any)
(Result, error) {
  if !auth.Writeable(ctx) {
    return errors.New("작성 권한이 없는 사용자가 실행했다.")
  }
  return mydb.db.ExecContext(ctx, query, args...)
}
```

context.Context 타입값을 통한 인증/권한 처리는 context.Context 타입값에 따라 함수 처리 결과가 바뀌기 때문에 로직에 영향을 준다고 봐야 한다. 하지만 비즈니스 로직이 투과적으로 인증/권한 정보를 처리하므로 코드 2.8처럼 설계하고 구현하면 아키텍처 전체가 단순화돼서 괜찮은 접근 방법이다.

010 context.Context 타입값의 정보가 서버에 전달되는가?

Go 클라이언트에서 *http.Request에 포함시킨 context.Context 타입값 정보가 네트워크를 거쳐서 Go로 구현된 서버에 전달될까? context.Context 타입값에 WithValue 메서드를 사용해서 데이터를 포함시키면 호출한 함수나 메서드에 투과적으로 데이터를 전달할 수 있다.

그러면 context.Context 타입값은 어디까지 전파되는 것일까? 결론부터 말하자면 context 패키지도 일반적인 변수나 인터페이스와 큰 차이가 없다. 즉, 클라이언트에서 *http.Request에 설정하는 context.Context에 값을 넣어도 서버 측 핸들러용 코드에 전달되는 http.Request의 context.Context 타입값에는 해당 값이 들어있지 않다.

왜냐하면 Context 타입값은 Go 언어에 존재하는 개념이지, HTTP의 사양이 아니기 때문이다. 만약 Go의 HTTP 클라이언트와 Go의 HTTP 서버에서 context.Context 타입값을 사용하여 정보를 전달해야 한다면, 다음과 같은 구현 방법이 필요할 것이다.

- 클라이언트 측에서는 HTTP 요청 작성 시에 context.Context.Value 타입값의 데이터를 사용해서 HTTP 헤더를 부여한다.
- 서버 측에서는 HTTP 요청을 받을 때에 context.Context 타입값에 WithValue 메서드를 사용한 데이터를 기존 HTTP 헤더의 값에 넣어둔다.

예를 들어 context.Context 타입값을 사용해서 요청 ID를 복수의 마이크로서비스가 공유해야 한다면 자체 클라이언트를 작성해야 한다. New Relic[23] 등의 SaaS를 사용하는 경우는 헤더에서 독자 클라이언트가 제공된다.

---

23 https://newrelic.com/

011 기존 코드가 context.Context 타입값을 인수로 받지 않는 경우

실무에서 애플리케이션을 개발할 때에 기존 코드를 수정하거나 확장하는 경우가 대부분이다. 기존 함수나 메서드가 context.Context 타입값을 인수로 받지 않는 경우 어떤 식으로 context.Context 타입값을 코드에 적용해야 할까? 이때 고려해야 할 것은 각각의 함수나 메서드가 context.Context 타입값을 첫 번째 인수로 받도록 개별적으로 수정하는 것이다.[24] 함수나 메서드의 시그니처를 바꾸지 않고 구조체의 필드에 context.Context 타입값을 추가하는 것은 좋은 생각이 아니다.

● context.TODO 함수를 사용한 단계적인 코드 변환

기존 함수나 메서드의 인수에 context.Context 타입값을 추가해 나가는 것은 단순한 작업이지만 많은 시간을 요한다. 한 번의 리뷰(하나의 Pull Request)에 모든 코드 변경하는 것은 개발자와 검토자 모두에게 어려운 작업이다. 따라서 조금식 코드를 수정해 나가는 것이 좋다.

이런 context.Context 적용 작업을 위해서 context 패키지가 제공하는 기능이 context.TODO 함수[25]다. context.TODO 함수의 주석에는 다음과 같이 설명이 있다.

> TODO는 nil이 아닌 빈 Context를 반환한다. 어떤 Context를 사용해야 할지 모르거나 (주변의 함수가 아직 Context 인수를 받도록 확장되지 않아서) 아직 존재하지 않는 Context를 사용해야 할 때 이 함수를 사용하면 된다.

---

24 리팩터링(refactoring)은 기존 기능에 영향을 주지 않는 수정이다. context 패키지 적용은 중단을 전파시키는 등 의도적으로 기능을 확장하는 것이므로 일부러 '수정'이라는 용어를 사용한다.

25 https://pkg.go.dev/context#TODO

주석에 있는 것처럼 context.TODO 함수는 빈 context.Context 타입값을 반환하는 함수다. 빈 context.Context 타입값은 외부에서 아직 이 값을 받을 준비가 되지 않았지만 호출할 함수나 메서드의 인수가 context.Context 타입값을 필요로 할 때 사용한다.

코드 2.9는 context 패키지를 적용하지 않은 기존 코드를 수정하고 있는 도중의 상태를 재현한 것이다. GetCompanyUsecase, GetUser, GetCompanyByUserID 함수는 context.Context 타입값을 받지 않는 함수였다. 이 중에서 GetUser 함수만 시그니처를 수정한 상황을 가정한다. GetCompanyUsecase 함수는 외부에서 context.Context 타입값을 받고 있지 않으므로 GetUser 함수의 인수에 전달해야 할 context.Context 타입값이 기존 범위 내에 존재하지 않는다. 이런 경우에 context.TODO 함수를 사용하면 된다. 코드를 해석하는 사람은 context.TODO 함수가 사용되고 있다는 것을 보고 '임시 context.Context 타입값을 전달하고 있구나'라고 이해할 수 있다.

코드 2.9 context.TODO를 사용한 단계적인 코드 변환

```go
// context 미적용 함수. 오류 처리는 생략
func GetCompanyUsecase(userID UserID) (*Company, error) {
  // context 적용 완료 함수
  u, _ := GetUser(context.TODO(), userID)
  // context 미적용 함수
  c, _ := GetCompanyByUser(u)
  return c
}

func GetUser(ctx context.Context, id UserID) (*User, error) {
  // 어떤 처리
}

func GetCompanyByUserID(u *User) (*Company, error) {
  // 어떤 처리
}
```

이처럼 context.TODO 함수를 사용하면 방대한 기존 코드도 조금씩 context 패키지를 적용해 나갈 수 있다. 함수나 메서드의 시그니처에 context.Context 타입값만 추가한다면 부작용도 거의 발생하지 않는다.

기존 코드가 context 패키지를 사용하고 있지 않다면 기간이나 대상 패키지로 범위를
나누는 등 계획적이고 단계적으로 context 패키지를 적용하는 것이 좋다.

03

database/sql 패키지

Web Application Development
in Go Programming Language

웹 애플리케이션 개발에서 빠지지 않는 것이 RDBMS(관계형 데이터베이스 관리 시스템)를 사용한 영구 저장 처리다. Go는 RDBMS을 처리하기 위해 표준 패키지로 database/sql 패키지를 제공한다. 이번 장에서는 Go의 웹 애플리케이션에서 RDBMS을 처리하는 방법과 몇 가지 주의점을 설명한다.

012 database/sql 패키지의 기본 처리

기본적인 처리 방법은 공식 사이트에서 제공하는 튜토리얼을 참고하거나 패키지 문서에 있는 위키 페이지를 읽으면 도움이 된다.

- The Go programming Language(Accessing relational database)[26]
- golang/go wiki(SQLInterface)[27]

다음 절부터는 database/sql 패키지의 유용한 기능을 설명하도록 한다.

> **COLUMN** **Go로 작성한 오픈소스 코드 읽기**
>
> 표준 패키지나 오픈소스 패키지의 문서를 읽고 코드를 읽어보는 것은 많은 도움이 된다.
>
> - 표준 패키지에서 패키지 구조를 배운다.
> - 정해진 작성법을 익힌다.
> - 특정 기능의 사용법을 배운다.
> - 테스트 코드 작성법을 배운다.
>
> 그렇다면 코드는 어떤 식으로 읽는 것이 유용할까? pkg.go.dev에서부터 시작할 것을 권한다. 먼저 pkg.go.dev에서 원하는 패키지를 검색하려면 다음 링크를 활용하면 된다.
>
> - pkg.go.dev(Standard library): https://pkg.go.dev/std
> - pkg.go.dev(오픈소스 검색 페이지): https://pkg.go.dev
>
> pkg.go.dev에서 패키지를 선택하면 패키지의 문서나 API를 확인할 수 있으며 그 내부의 정의를 클릭하면 소스 코드도 볼 수 있다. Go는 Go로 작성돼 있으므로 시스템 콜이나 예약어 구현 부분보다 상위에 있는 부분은 코드 점프 기능을 사용해 이동해가며 코드를 읽을 수 있다.

---

26 https://go.dev/doc/database/
27 https://golang.org/s/sqlwiki

그리고 깃허브GitHub의 Navigating code on Github[28] 기능이 Go 언어를 지원한다. 깃허브에서 호스팅하고 있는 오픈소스라면 굳이 소스 코드를 다운로드해서 로컬 IDE에서 열지 않고 브라우저에서 코드 사이를 점프해가면서 코드를 읽을 수 있다. 참조하고 있는 코드도 확인할 수 있으므로 테스트 코드로 이동해서 참조 코드를 호출할 때 그 흐름도 확인할 수 있다.

제품에 사용되는 패키지의 문서를 읽는 것은 개발 업무에서 중요한 과정이라 생각한다. pkg. go.dev에서 함수나 메서드의 설명을 읽은 후 바로 소스 코드도 읽어본다면 큰 도움이 될 것이다.

---

28 https://docs.github.com/en/repositories/working-with-files/using-files/navigating-code-on-github

013

sql.Open 함수는
한 번만 사용

데이터베이스에 접속할 때에 제일 먼저 하는 것이 sql.Open 함수[29]를 사용해 *sql.DB 타입의 값을 가져오는 것이다. database/sql 패키지는 *sql.DB 타입값을 통해서 쿼리를 실행하거나 트랜잭션을 시작한다. 또한, *sql.DB 타입값은 복수의 고루틴에서 동시에 사용할 수 있어 스레드 안전thread safety이다.

Go의 database/sql 패키지에는 DB 연결을 풀pool하는 기능이 있다. 이 **연결 풀**(커넥션 풀)connection pool 기능은 사용자가 명시적으로 설정하지 않아도 이용할 수 있다.

database/sql 패키지에서는 *sql.DB 타입값이 내부적으로 연결 풀을 가진다. 즉, *sql.DB 타입값은 웹 애플리케이션 실행 시에 한 번만 작성하면 되고, 애플리케이션이 종료될 때까지 *sql.DB 타입값의 Close 메서드를 별도로 호출하지 않아도 된다.

HTTP 요청을 받을 때마다 sql.Open 함수를 호출하도록 구현하면 연결이 매번 새로 생성되므로 database/sql 패키지의 성능이 떨어지게 된다. 따라서 sql.Open 함수는 main 함수나 초기화 처리 내에서 한 번만 실행하도록 한다.

● 연결 관련 설정 변경

database/sql 패키지는 사용자가 설정하지 않아도 자동으로 연결 풀을 관리한다. 단, 도메인 특성이나 서버 동시 실행 수, 접속 대상 DB 서버 기능 등에 따라 최적값이 다르므로 구체적인 설정 값은 데이터베이스 관리자와 상담하는 것이 좋다.

---

29 https://pkg.go.dev/database/sql#Open

애플리케이션 최대 접속 수 등의 연결 관련 설정의 변경 방법은 database/sql 패키지의 주석과 공식 문서[30]에서 확인할 수 있다. 구체적으로는 database/sql.DB 타입의 다음 메서드에서 연결 설정 정보를 변경할 수 있다.

- func (db *DB) SetConnMaxIdleTime(d time.Duration)[31]
- func (db *DB) SetConnMaxLifetime(d time.Duration)[32]
- func (db *DB) SetMaxIdleConns(n int)[33]
- func (db *DB) SetMaxOpenConns(n int)[34]

---

30 https://go.dev/doc/database/manage-connections
31 https://pkg.go.dev/database/sql#DB.SetConnMaxIdleTime
32 https://pkg.go.dev/database/sql#DB.SetConnMaxLifetime
33 https://pkg.go.dev/database/sql#DB.SetMaxIdleConns
34 https://pkg.go.dev/database/sql#DB.SetMaxOpenConns

014 Xxx 메서드와 XxxContext가 존재할 때는 XxxContext 메서드 사용

database/sql 패키지에는 context 패키지에 대응한 XXXContext와 그렇지 않은 XXX 메서드가 정의돼 있다. XXX 메서드는 context 패키지가 추가되기 전에 정의된 메서드로 하위 호환성을 유지하기 위해 남아 있다.

따라서 XXX 메서드와 XXXContext가 존재할 때는 XXXContext 메서드를 사용하자. XXXContext 메서드를 사용하는 이유는 2장 5절의 '중단 알림'에서 설명한 것처럼 데이터베이스 관련 처리 실행 중에 외부에서 중단 처리를 전달하기 위해서다.[35]

---

35 타이밍 문제이므로 반드시 실행 전에 중단할 수 있다는 보장은 없다.

*sql.Row 타입값을 반환하는 메서드만 sql.ErrNoRows 발생

database/sql 패키지에는 몇 가지 오류 인터페이스 변수가 정의돼 있다. 그 중에서 가장 많이 사용하는 것이 sql.ErrNoRows 오류다. sql.ErrNoRows 오류는 SQL 실행 결과로 레코드가 반환되지 않을 때 발생한다.

sql.ErrNoRows 오류를 사용할 때 주의할 것은 '해당 메서드가 정말로 sql.ErrNoRows 오류를 반환하는가'이다. sql.ErrNoRows 오류에 대한 설명을 보자.

> ErrNoRows is returned by Scan when QueryRow doesn't return a row. In such a case, QueryRow returns a placeholder *Row value that defers this error until a Scan.

여기서 중요한 것은 'when QueryRow doesn't return a row'이다. sqlErrNoRows 오류는 sql.QueryRow.Scan 메서드가 스캔할 수 있는 레코드가 없을 때만 발생한다. 즉, 코드 3.1 같은 if 조건문을 작성해도 QueryContext 메서드(여러 레코드를 반환하는 메서드)에서 sql.ErrNoRows 오류가 발생하지 않는다.

코드 3.1 QueryContext 메서드에서 sql.ErrNoRows 오류는 발생하지 않는다

```
func (r *Repository) GetUsersByAge(age int) (Users, error) {
  var us Users

  // QueryContext 메서드는 여러 개의 레코드를 반환할 가능성이 있다.
  rows, err := r.db.QueryContext(ctx, "SELECT name FROM users WHERE age= ?", age)
  if errors.Is(err, sql.ErrNoRows) { // 이 조건을 만족하는 경우는 없다.
    // 실행될 가능성이 없는 처리
  } else if err != nil {
    return nil, err
  }
```

```
    // 나머지 처리
}
```

대부분의 외부 ORM 라이브러리도 동일한 구조를 가진다. 예를 들어 `github.com/jmoiron/sqlx` 패키지[36]도 단일 레코드를 반환하는 `GetContext` 메서드에서는 `sql.ErrNoRows` 오류가 발생하지만, 여러 레코드를 반환하는 `SelectContext` 메서드에서는 `sql.ErrNoRows` 오류가 발생하지 않는다.

'로직이 레코드를 찾지 못하는 경우도 있으므로 `sql.ErrNoRows` 오류인 경우 중단하지 말고 다른 처리를 계속하자'고 생각할 수도 있지만, 원하는 방향으로 실행되지 않을 수 있으니 주의하자.

---

36 https://pkg.go.dev/github.com/jmoiron/sqlx

016 트랜잭션을 사용할 때는 defer 문으로 Rollback 메서드 호출

RDBMS의 데이터를 변경할 때에 **트랜잭션**transaction을 사용하는 경우가 많다. Go에서 트랜잭션을 처리하려면 *sql.DB의 Begin/BeginTx 메서드에서 *sql.Tx 타입값을 가져온다. 트랜잭션을 사용한 경우 처리 결과를 영구화하는 커밋commit 또는 취소하는 롤백rollback 중 하나를 실행해야 한다. Go 코드에서 defer 문을 사용해 Rollback 메서드를 반드시 호출하도록 한다.

코드 3.2는 트랜잭션을 사용하는 잘못된 예를 보여준다. 처음에 BeginTx 메서드를 사용해 트랜잭션을 시작하고 마지막에 Commit 메서드로 처리 결과를 반영한다. 처리 중에 이상이 발생한 경우 Rollback 메서드를 호출해서 트랜잭션 중에 발생한 처리를 파기한다. 트랜잭션을 시작한 후에는 err != nil를 사용해 오류 상태를 감지할 때마다 Rollback 메서드를 호출하고 오류를 반환한 후 처리를 종료한다.

이런 구현 방법에서는 트랜잭션 처리 중에 오류를 일일이 인식해서 Rollback 메서드를 호출해야 하지만 이를 깜박하고 넣지 않으면 버그가 발생할 수 있다. 실제로 '변경 처리 2'를 실행한 후의 오류 판정 처리에서는 Rollback 메서드 호출을 하지 않는다.

코드 3.2 defer 문을 사용하지 않는 롤백

```
func (r *Repository) Update(ctx context.Context) error {
  tx, err := r.db.BeginTx(ctx, nil)
  if err != nil {
    return err
  }

  _, err := tx.Exec( /* 변경 처리1 */ )
  if err != nil {
    tx.Rollback()
```

```
      return err
  }

  _, err := tx.Exec( /* 변경 처리2 */ )
  if err != nil {
    return err // Rollback 메서드 실행을 빠뜨렸다.
  }

  _, err := tx.Exec( /* 변경 처리3 */ )
  if err != nil {
    tx.Rollback()
    return err
  }

  // 다른 처리
  return tx.Commit()
}
```

코드 3.3은 defer 문을 사용해 Rollback 메서드를 호출하는 방법이다. defer 문으로 선언한 처리는 메서드가 끝나는 시점에 반드시 실행되므로 Rollback 메서드가 항상 호출된다.

이 경우 트랜잭션 중에 오류가 발생하지 않는 정상 처리에서 Commit 메서드를 호출 후에도 Rollback 메서드가 호출되는 것을 걱정하는 독자도 있을 수 있다. 하지만 Rollback 메서드는 Commit 메서드나 context 패키지 경유의 중단 처리가 끝난 트랜잭션에 대해선 RDBMS의 롤백 처리를 실행하지 않는다. Rollback을 실수로 빠뜨리는 경우를 줄여주므로 Rollback 메서드는 반드시 defer 문을 사용해서 예약 실행을 걸어 두자.

코드 3.3 defer 문으로 롤백하기

```
func (r *Repository) Update(ctx context.Context) error {
  tx, err := r.db.BeginTx(ctx, nil)
  if err != nil {
    return err
  }
  defer tx.Rollback()
```

```go
  _, err := tx.Exec( /* 변경 처리1 */ )
  if err != nil {
    return err
}

  _, err := tx.Exec( /* 변경 처리2 */ )
  if err != nil {
    return err
}

  _, err := tx.Exec( /* 변경 처리3 */ )
  if err != nil {
    return err
}
  return tx.Commit()
}
```

017 database/sql 패키지 대신 많이 사용하는 오픈소스 패키지

지금까지 표준 패키지인 database/sql 사용법을 소개했다. Go가 RDBMS를 처리하는 구조를 이해하기 위해서는 database/sql 패키지 사양을 이해하는 것이 중요하다. 하지만 다음과 같은 이유로 database/sql 패키지를 실제 제품에 그대로 사용하는 경우는 드물다.

- database/sql 패키지는 쿼리 결과를 구조체로 변환하는 것이 어렵다.
- SQL(또는 DSL)로부터 RDBMS를 처리하는 Go 코드를 자동 생성하고 싶다.
- 루비 온 레일즈의 Active Record[37] 같은 ORM을 사용하고 싶다.

이런 개발자의 요구를 만족시키기 위해 다양한 RDBMS 처리용 오픈소스 패키지가 공개돼 있다. 여기선 자주 거론되는 몇 가지 패키지를 소개하도록 한다. 각각의 상세 기능은 설명하지 않지만 특성이 다르므로 제품이나 개발팀의 요구에 맞추어 선택하도록 하자.

- github.com/jmoiron/sqlx 패키지: https://jmoiron.github.io/sqlx
  database/sql 패키지와 사용법이 비슷하고 SQL를 수동으로 작성해야 한다.

- github.com/ent/ent 패키지: https://entgo.io
  SQL을 작성하지 않고 스키마나 RDBMS 처리를 자동 생성해준다.

- gorm.io/gorm 패키지: https://gorm.io
  Go에서 ORM에 가장 많이 사용되는 오픈소스다.

---

37 https://guides.rubyonrails.org/active_record_basics.html

- github.com/kyleconroy/sqlc 패키지: https://sqlc.dev

  SQL에서 RDBMS에 접속할 수 있는 코드를 자동 생성해준다.

- github.com/volatiletech/sqlboiler/v4 패키지:

  https://pkg.go.dev/github.com/volatiletech/sqlboiler/v4

  RDBMS 테이블 정의로부터 코드를 자동 생성해준다.

04

가시성과 Go

Web Application Development in Go Programming Language

Go에는 다른 언어에 있는 private이나 public 등의 접근 제어 개념이 없다. Go에 존재하는 것은 '패키지 밖에서 참조할 수 있는가/없는가'뿐이다. Go에서는 이 차이를 exported와 unexported라고 부른다.

018 public/private과 exported/unexported의 차이

자바나 C#에서 사용하는 public/private과 Go의 exported/unexported[38]는 어떤 차이가 있을까? Go의 unexported 상태는 자바의 패키지 프라이빗package private 상태에 가깝다. 소문자로 시작하는 패키지 변수와 함수, 구조체, 구조체 필드는 unexported 선언이다. unexported로 정의한 것은 다른 패키지에서 참조할 수 없다.

바꿔 말하자면 같은 패키지 내에서는 unexported 함수나 구조체 필드를 참조할 수 있다. 예를 들어 domain이라는 패키지 안에 비즈니스 로직을 구현한 구조체를 배치한 경우 각 비즈니스 로직은 서로 참조 및 사용이 가능하다. 따라서 public/private이라는 관점으로 Go에서 설계 또는 구현하면 은닉화(캡슐화)에 실패할 수 있다.

코드 4.1 **unexported와 private의 차이**

```
package domain

import "fmt"

type Person struct {
  firstName string
  lastName  string
}

func (p *Person) GetFirstName() string { return p.firstName }

type Book struct {
  Author *Person
}

func (b *Book) AuthorName() string {
  // 같은 패키지 안이므로 Person 구조체의 unexported 필드를 직접 참조할 수 있다.
```

---

38 https://go.dev/ref/spec#Exported_identifiers

```
    return fmt.Sprintf("%s %s", b.Author.firstName, b.Author.lastName)
}
```

public과 private이라는 가시성의 개념을 Go에서 구현하려면 코드 4.2와 코드 4.3과 같이 구조체 하나하나를 개별 패키지로 나누어 선언하면 되지만, Go 언어 사양은 패키지의 반복 임포트를 허용하지 않는다.[39] 결과적으로 구조체 수만큼 패키지를 작성해야 하고 이는 불필요한 패키지 구성을 고민해야 한다는 의미다.

필자는 유사한 private 가시성을 가진 다수의 패키지를 작성하는 것을 권장하지 않는다.

코드 4.2 Person 타입만 존재하는 person 패키지

```
package person

type Person struct {
  firstName string
  lastName string
}

func (p *Person) FirstName() string { return p.firstName }

func (p *Person) LastName() string { return p.lastName }
```

코드 4.3 Book 타입만 존재하는 book 패키지

```
package book

import (
  "fmt"

  "person"
)

type Book struct {
```

---

39 https://go.dev/ref/spec#Import_declarations

```
    Author *person.Person
}

func (b *Book) AuthorName() string {
    // 패키지가 다르므로 Person, FirstName을 직접 참조할 수 없다.
    return fmt.Sprintf("%s %s", b.Author.GetFirstName(), b.Author.GetLastName())
}
```

또한, exported/unexported 규칙은 표준 패키지를 이용할 때에도 적용된다. JSON이나 DB 레코드를 저장하기 위한 구조체는 encoding/json 패키지나 database/sql 패키지에 대해 필드를 공개해야 한다. 따라서 DAO(데이터 접근 객체)data access object라고 하는 객체용 구조체는 데이터베이스나 JSON 구조체를 매핑하기 위한 필드를 exported로 정의해야 한다.

이것은 데이터를 처리하기 위한 구조체는 이뮤터블(변경 불가)immutable로 정의할 수 없다는 것을 의미한다.

> **COLUMN** **internal 패키지**
>
> Go에는 internal 패키지라는 특별한 패키지명이 있다. internal이라는 명칭의 디렉터리를 작성한 경우, 외부 패키지에서 참조할 수 없게 된다. internal 패키지의 하나 위에 있는 패키지 계층과 그 아래 있는 모든 패키지는 참조할 수 있다.
>
> 예를 들어 example.com/root/internal 패키지에 exported인 Hoge 타입이 선언돼 있더라도 example.com/root/ 패키지 아래에 있는 패키지들만 example.com/root/internal.Hoge 타입에 접근할 수 있다.

05

Go Modules

*Web Application Development
in Go Programming Language*

운영체제(OS)나 프로그램 언어는 패키지의 버전이나 의존 관계를 관리하기 위한 툴을 제공한다. C#에서는 NuGet, 자바스크립트에서는 npm 등이 유명하다. Go에서는 Go명령의 서브 명령인 go mod 명령을 사용해서 패키지를 관리한다.

이번 장에서는 Go의 패키지 관리 툴인 Go Modules에 대해 설명한다.

019 모듈과 패키지

Go에서 의존 라이브러리를 가리킬 때 **모듈**과 **패키지**라고 한다. 모듈은 버전 관리를 통해 릴리스하는 단위며 패키지는 특정 디렉터리에 포함돼 있는 소스 코드를 일컫는다. 예를 들어 깃허브에 있는 하나의 리포지터리가 모듈이고 각 리포지터리의 각 디렉터리가 패키지에 해당한다.

● Go Modules 이전의 정보는 참고하지 않기

Go Modules에 대해 설명하기 전에 Go의 패키지 관리 역사에 대해 간단히 보도록 하겠다. Go가 출시됐을 때는 표준 패키지 관리 툴 기능이 없었다. 외부 패키지 관리 툴이 있었지만 시기에 따라 자주 사용하는 툴이 바뀌었기 때문에 옛날 정보는 도움이 되지 않는다.

Go의 패키지 관리에 대해 검색해보면 Go Modules 이외에도 몇 가지 툴을 볼 수 있지만 무시하도록 하자. Go는 Go 1.x 버전 간에는 하위 호환성이 유지되므로[40] 과거의 기법을 대부분 지금도 사용할 수 있다. 하지만 패키지 관리에서는 이야기가 달라진다. 특별한 이유가 없는 한 Go Modules을 사용하는 것을 권장한다.

Go Modules는 2018년에 출시된 Go 1.11에서 시험판을 제공하기 시작했으며[41] 2019년에 출시된 1.13부터 정식 기능으로 탑재됐다.[42] 다음과 같은 툴은 Go Modules 등장 이전에 사용되던 것이므로 검색 결과로 나오더라도 무시하자.

---

40 https://go.dev/doc/go1compat
41 https://go.dev/doc/go1.11#modules
42 https://go.dev/doc/go1.13#modules

- glide: https://github.com/Masterminds/glide
- dep: https://github.com/golang/dep
- vgo: https://github.com/golang/vgo

또한, Go Modules는 GO111MODULE 환경 변수에 따라 결과가 달라진다. 이 환경 변수는 2021년에 출시된 Go.1.16부터 기본 On으로 설정돼 있으므로[43] 이 책의 설명이나 이 장 이후의 설명에서도 GO111MODULE=on을 전제로 한다.

이제 Go Modules을 보도록 하겠다.

---

43 https://go.dev/doc/go1.16#go-command

020 Go Modules

Go Modules은 go.mod 파일과 go.sum 파일을 사용해서 패키지 버전을 관리한다.[44] go 명령의 서브 명령으로 제공되므로 Go를 설치한 순간부터 사용할 수 있다. Go Modules 를 사용하면 GOPATH 환경 변수에 지정한 디렉터리에 패키지 디렉터리를 배치하지 않아도 패키지를 사용해 개발할 수 있다.[45]

● 시맨틱 버저닝

어떤 모듈이 업그레이드되면 사용자는 해당 업그레이드가 기존 프로그램을 악영향을 주는지, 아니면 프리뷰 형식의 변경인지 등을 확인할 필요가 있다. 버전 번호로 이런 변경 내용을 알려주는 것이 **시맨틱 버저닝**semantic versioning 2.0.0이다. Go Modules로 관리하는 모듈도 원칙상 시맨틱 버저닝 2.0.0을 기준으로 관리된다.[46] 깃허브로 관리하고 있는 모듈이라면 시맨틱 버저닝에 따라 작성된 태그나 릴리스로 신규 버전인지를 판단할수 있다. 특정 버전을 사용해야 하는 경우가 아니라면 latest로 지정한 모듈을 사용할수도 있다.

● 최소 버전 선택

Go Modules의 큰 특징 중 하는 의존 위치를 확인할 때 가능한 한 오래된 모듈의 패키지를 이용하도록 설계돼 있다는 것이다. 예를 들어 go.mod 파일을 작성한 **마이_패키지**가 **패키지A**와 **패키지B**에 의존하고 있고, **패키지A**와 **패키지B**가 다음과 같은 버전의 **패키지X**, **패키지Y**에 의존하고 있다고 하자.

---

44 https://go.dev/blog/using-go-modules

45 Go Modules 등장 이전의 Go에서는, 로컬에서 개발할 때는 GO111MODULE=off로 설정한 경우와 마찬가지로 GOPATH 환경 변수로 지정한 디렉터리 아래에 코드를 배치해야 했다.

46 https://semver.org/lang/ko/

- 마이_패키지
  - ▶ 패키지A
    - ▷ 패키지X_v1.0.1
    - ▷ 패키지Y_v.1.1.0
  - ▶ 패키지B
    - ▷ 패키지X_v1.0.8
    - ▷ 패키지Y_v.1.2.3

오래된 버전을 선택하므로 **패키지X**는 패키지X_v1.0.1가 선택된다. **패키지B**가 **패키지Y_v1.1.0**을 사용해서 문제가 발생한다면 **패키지Y_v1.2.3**을 사용한다. 버전 선택 알고리즘에 대한 자세한 내용[47]은 Go 팀의 러스 콕스Russ Cox가 쓴 'Minimal Version Selection'[48]을 참고하자.

---

47 https://go.dev/doc/modules/version-numbers

48 https://research.swtch.com/vgo-mvs

021 Go Modules 시작 방법

Go Modules은 go.mod 파일을 작성하는 것부터 시작한다. 구체적으로는 애플리케이션이나 리포지터리의 루트 디렉터리에서 go mod init 명령을 실행하면 된다. GOPATH 환경 변수로 지정한 위치가 아닌 다른 위치나, 모듈명을 디렉터리 구조와 다른 이름으로 지정하고 싶다면 인수로 모듈명을 지정한다.

코드 5.1 go mod init 명령 실행

```
$ go mod init
$ go mod init github.com/budougumi0617/example
go: creating new go.mod: module github.com/budougumi0617/example
```

모노리포monorepo[49] 구성이 아니라면 go.mod 파일은 리포지터리에 하나만 있으면 충분하다. 서브 패키지를 만들 때마다 go mod init 명령을 실행할 필요는 없다. go.mod 파일 작성 후에는 go get 명령으로 원하는 패키지를 얻을 수 있다.

패키지 의존 관계가 변경된 경우는 자동으로 go.mod 파일, go.sum 파일이 업데이트된다. 모듈의 루트 디렉터리(go.mod 파일이 있는 디렉터리)가 아닌 서브 디렉터리에서 go get 명령을 실행한 경우도 자동으로 go.mod 파일과 go.sum 파일이 업데이트된다.

● 버전 v2.x.x 이상의 패키지 호출이 잘 안 되는 경우

릴리스 버전이 v0.x.x, v1.x.x라면 의식하지 않아도 되지만, v2.x.x 이상의 패키지라면 go get 명령으로 호출하거나 import 문에서 사용할 때의 패키지명이 약간 다르다.

---

49 https://en.wikipedia.org/wiki/Monorepo

오픈소스를 예로 들면 Go의 웹 애플리케이션 프레임워크인 에코Echo[50]는 2022년 4월 현재 버전 v4.7.2까지 공개돼 있다.[51] 리포지터리를 보면 v4 디렉터리는 존재하지 않지만 go.mod 파일의 `modules` 부분을 보면 v4가 부여돼 있는 것을 알 수 있다.

코드 5.2 에코 v.4.7.2의 go.mod 파일

```
module github.com/labstack/echo/v4

go 1.17

require (
  github.com/golang-jwt/jwt v3.2.2+incompatible
  github.com/labstack/gommon v0.3.1
  github.com/stretchr/testify v1.7.0
  github.com/valyala/fasttemplate v1.2.1
  golang.org/x/crypto v0.0.0-20210817164053-32db794688a5
  golang.org/x/net v0.0.0-20211015210444-4f30a5c0130f
  golang.org/x/time v0.0.0-20201208040808-7e3f01d25324
)
```

이처럼 v2 이상의 버전명이 붙은 모듈을 코드 내에서 사용할 때는 코드 5.3처럼 버전을 접미사로 사용하지 않는다.

코드 5.3 v2 이상의 모듈 사용 방법

```
package main

// go.mod의 module에 작성돼 있는 module명으로 임포트한다.
import "github.com/labstack/echo/v4"

func main() {
  // 호출할 때는 v4.New()가 아니다.
  e := echo.New()

  // …
}
```

---

50 https://github.com/labstack/echo
51 https://github.com/labstack/echo/tree/v4.7.2

go get 명령을 사용할 때는 go.mod 파일에 기재돼 있는 버전을 포함한 패키지명을 지정해야 한다.

github.com/labstack/echo 패키지를 예로 들자면, github.com/labstack/echo를 지정해서 go get 명령을 실행하면 v3 모듈을 설치한다. github.com/labstack/echo/v4까지 지정해서 go get 명령을 실행하면 v4 모듈을 설치한다.

코드 5.4 **go get 명령 실행**

```
$ go get -u github.com/labstack/echo
go: added github.com/labstack/echo v3.3.10+incompatible
go: added github.com/labstack/gommon v0.3.1
go: added github.com/mattn/go-colorable v0.1.12
go: added github.com/mattn/go-isatty v0.0.14
go: added github.com/valyala/bytebufferpool v1.0.0
go: added github.com/valyala/fasttemplate v1.2.1
go: added golang.org/x/crypto v0.0.0-20220525230936-793ad666bf5e
go: added golang.org/x/net v0.0.0-20220531201128-c960675eff93
go: added golang.org/x/sys v0.0.0-20220520151302-bc2c85ada10a
go: added golang.org/x/text v0.3.7
```

코드 5.5 **go get 명령 실행(v4 설치)**

```
$ go get -u github.com/labstack/echo/v4
go: downloading github.com/labstack/echo/v4 v4.7.2
go: added github.com/labstack/echo/v4 v4.7.2
```

022 Go Modules에서 자주 사용하는 명령

go mod 명령은 go mod init 등 다양한 옵션을 가진다.[52] 여기선 Go에서 패키지 관리를 할 때 자주 사용하는 명령들을 설명한다.

● 신규 Go 패키지 생성

새로운 리포지터리를 작성해서 Go 패키지나 애플리케이션을 만들 때는 go mod init 명령을 사용한다. 21절 'Go Modules 시작 방법'에서 설명했으므로 여기서는 넘어가도록 하겠다.

● 의존 패키지 업데이트

의존 패키지를 업데이트하고 싶다면 go get -u 명령을 사용한다. 특정 패키지만 업데이트하고 싶다면 go get -u example.com/pkg처럼 패키지명을 지정한다. go get -u ./...라고 실행하면 go.mod 파일에서 관리하고 있는 모든 패키지의 버전이 업데이트된다.

● go.mod 파일 및 go.sum 파일 정리

go.mod 파일을 수정한 후에 구성 관리 내용을 커밋할 때는 go mod tidy 명령을 먼저 실행하는 것이 좋다. 로컬에서 의존 위치를 몇 번이고 변경하다 보면 불필요한 내용이 go.sum에 남는 경우가 있다. go mod tidy 명령을 사용하면 수 초 안에 파일을 정리해주니 커밋 전에 실행하는 것이 좋다.

---

[52] https://go.dev/ref/mod#mod-commands

023 의존 대상 코드에 디버그 코드 추가

필자는 아직도 코딩 중에 로직이 이해가지 않을 때가 있다. 그럴 때는 의존 대상 패키지에 어떤 값이 전달되는지 알기 위해 **디버그 코드**debug code를 추가하고 싶어진다. 특별한 설정을 하지 않는 한, go get 명령으로 얻은 패키지는 읽기 전용으로 GOMODCACHE 환경 변수로 지정한 디렉터리에 물리적으로 저장된다.

GOMODCACHE 환경 변수의 내용은 go env GOMODCACHE 명령으로 확인할 수 있다. 별도로 지정하지 않은 경우 GOROOT/pkg/mod 디렉터리를 사용한다. 이 디렉터리의 파일 권한을 변경해서 억지로 디버그 코드를 추가할 수도 있지만 추천하진 않는다.

디버그 코드를 추가하는 방법에는 다음 세 가지가 있다.

- go mod vendor 명령 사용
- go.mod 파일에 replace 디렉티브 작성
- Workspace 모드 사용

● go mod vendor 명령 사용

바로 사용할 수 있는 것이 go mod vendor 명령이다. Go는 go.mod 파일이 있는 디렉터리에 vendor 디렉터리가 있으면 그 안에 있는 코드를 사용해 의존 패키지를 해결한다. go mod vendor 명령은 vendor 디렉터리에 의존 패키지를 다운로드해준다. 실행 후에 vendor 디렉터리 안에 있는 코드를 수정해서 디버그 코드를 추가할 수 있다.

모든 의존 패키지를 다시 읽으므로 시간이 꽤 걸리긴 하지만 쉽게 디버그 코드를 추가할 수 있다.

● go.mod 파일에 replace 디렉티브 작성

두 번째 방법은 replace 디렉티브directive를 사용하는 것이다. replace 디렉티브를 사용해서 지정한 패키지는 로컬에 있는 별도 디렉터리의 코드로 처리할 수 있다.

코드 5.7과 같이 go.mod 파일을 작성할 때는 코드 5.6의 명령을 실행한다. 이 go.mod 파일 상태에서는 example.com/othermodule 패키지를 로컬 디렉터리에 있는 ../othermodule 디렉터리를 사용해 의존성을 해결한다.

코드 5.6 go.mod 파일 작성

```
$ go mod edit -replace example.com/othermodule=../othermodule
```

코드 5.7 replace 명령으로 지정한 go.mod 파일

```
module exmaple.com/pkg
go 1.17
require example.com/othermodule v1.2.3
replace example.com/othermodule => ../othermodule
```

● Workspace 모드 사용

세 번째 방법은 Go 1.18부터 추가된 Workspace 모드를 사용하는 것이다. Workspace 모드를 사용하면 로컬에서 go.mod 파일을 수정하지 않고 멀티 모듈 환경의 의존성을 해결할 수 있다.

Workspace 모드에 대한 자세한 내용은 'Tutorial: Getting started with multi-module workspaces' 튜토리얼[53]을 참고하자.

---

53 https://go.dev/doc/tutorial/workspaces

024 Go Modules를 실현하는 생태계

Go Modules가 도입된 Go는 **go get** 명령을 실행하더라도 깃허브 등을 참조하지 않고 우선 프록시 서버를 거쳐 리소스를 가져오려 한다.[54] 또한, 가져온 패키지의 코드 무결성도 체크섬checksum을 통해 검증한다.[55]

기본 설정에서는 다음과 같은 원격 서버를 이용해서 모듈을 다운로드하고 검증한다.

- proxy.golang.org
- sum.golang.org
- index.golang.org

---

54 https://go.dev/ref/mod#module-proxy
55 https://go.dev/ref/mod#checksum-database

025 프라이빗 모듈을 사용한 개발

Go Modules를 사용할 때에 주의해야 하는 경우는 프라이빗 리포지터리(**프라이빗 모듈**)에 의존하는 패키지(**프라이빗 패키지**)에 의존성을 추가할 때이다. 여러 팀이나 여러 제품에서 Go 사용이 진행되면 코드를 공통화하기 위해 범용적인 기능의 패키지를 독립된 프라이빗 리포지터리로 사용하는 경우가 발생한다.

하지만 기본 설정 그대로 Go modules를 사용하면 20절 'Go modules'에서 설명한 것처럼 인터넷에서 구글이 준비한 서버를 통해서 패키지를 가져오므로 프라이빗 패키지 설치에 실패한다. 프라이빗 패키지를 이용하려면 GOPRIVATE 환경 변수를 설정해야 한다.

● GOPRIVATE 환경 변수

Go Modules와 관련된 몇 가지 환경 변수[56]가 있지만 대부분의 경우[57] GOPRIVATE만 설정하면 문제가 없다.[58]

다음은 GOPRIVATE 환경 변수에 대한 설명이다.

> GOPRIVATE is a default value for GONOPROXY and GONOSUMDB. See Privacy.
> GOPRIVATE also determines whether a module is considered private for
> GOVCS.

GOPRIVATE 환경 변수에는 프록시 서버를 거치지 않고 체크섬 검증도 불필요한 패키지의 프리픽스prefix를 설정한다. `github.com/my_company`라는 조직에 Go Modules로

---

56 https://go.dev/ref/mod#environment-variables
57 깃허브 등의 서비스에서 프라이빗 리포지터리를 사용하고 있는 경우 등이 있다.
58 https://go.dev/ref/mod#private-module-proxy-direct

참조하고 싶은 패키지가 있는 경우라도 github.com/my_company만 지정하면 문제없다.

또한, 여러 조직이나 호스팅 서비스의 프라이빗 리포지터리가 필요한 경우에는 코드 5.8처럼 쉼표를 사용해 연결하면 된다.

코드 5.8 GOPRIVATE에 복수의 리포지터리를 설정한 예

```
GOPRIVATE="github.com/my_company,github.com/my_account/naisho"
```

GOPRIVATE 환경 변수의 변경은 export 명령 등의 OS 기능을 사용하거나 go env -w 명령을 사용해서 설정할 수 있다.[59]

> **COLUMN**　**프라이빗 패키지에는 어떤 기능을 포함시켜야 할까?**
> --
>
> 느슨한 결합으로 설계된 조직 구성이나 마이크로서비스라도 공통 코드를 사용해야 하는 경우가 있다. 예를 들어 로그 구조 등은 조직 내에서 통일된 것을 사용해야 효율적으로 분석 및 장애 대처가 가능하다. 또한, 인증 및 권한 기능은 각 팀에서 독자적으로 구현하는 것보다 전담팀이 작성한 코드를 사용하는 것이 구현 실수에 의한 사고를 방지할 수 있다. 특정 ID나 데이터 구조에 의존하고 있는 경우 오픈소스화하는 것이 어려우므로 프라이빗 리포지터리로 작성된 공통 코드를 다른 리포지터리가 참조하는 것이 좋다.
>
> 필자가 소속된 조직에서는 접속 로그를 분석하는 미들웨어나 타임아웃 재시도, 그리고 가시성 확보를 위해 설정된 *http.Client 타입값의 함수 등을 프라이빗 리포지터리로 제공한다.

59　https://pkg.go.dev/cmd/go#hdr-Print_Go_environment_information

026 자체 작성 패키지의 버전 관리

자체 작성 패키지도 당연히 버전 관리가 필요하다. 버전을 변경할 때는 시맨틱 버저닝 규칙을 따른다. 공식 문서에도 릴리스 절차를 설명한다.[60] 깃으로 관리하고 있다면 태그를 생성한다. 주의할 점으로는 프리픽스에 v를 붙여서 v0.0.1이라는 형식으로 정의해야 한다는 것이다. 깃허브라면 릴리스한 후 변경 내용을 알기 쉽게 정리해두면 좋다. v2 이상으로 업그레이드할 때는 go.mod 파일의 `module` 값을 변경해야 한다. 구체적인 내용은 이미 21절 'Go Modules 시작 방법'에서 설명했다.

● 패키지 자동 릴리스

버전을 지정하지 않고 항상 최신 코드를 참조해서 패키지를 사용하는 것은 좋지 않다. 애플리케이션 리포지터리가 참조하는 패키지를 준비할 때는 반드시 버저닝을 해야 한다. 깃허브의 경우는 릴리스를 만들면 버저닝이 이루어진다.[61]

---

60 https://go.dev/doc/modules/release-workflow
61 https://docs.github.com/ko/repositories/releasing-projects-on-github/managing-releases-in-a-repository

Go와 객체지향 프로그래밍

Web Application Development in Go Programming Language

많은 사람들이 소프트웨어 설계 시에 기준으로 사용하는 것이 객체지향이다. 이번 장에서는 Go 언어 사양에 객체지향이 어떻게 반영돼 있는지 살펴보도록 한다.

027 객체지향에 준하는 프로그래밍 언어의 조건

객체지향에 준하는 프로그래밍 언어의 조건이란 무슨 의미일까? 다양한 주장이 있지만 이 책에서는 다음 3대 요소를 만족하는 것이 '객체지향에 준하는 프로그래밍 언어'라고 정의하도록 하겠다.

- 캡슐화encapsulation
- 다형성polymorphism
- 상속inheritance

먼저 Go 언어는 객체지향 언어일까? Go 공식 사이트에는 'Frequently Asked Questions (FAQ)'[62]라는 FAQ 페이지가 있다. 이 중에 'Is Go an object-oriented language?(Go는 객체지향 언어입니까?)'라는 질문에 대한 응답이 공개돼 있다.

> Yes and no. Although Go has types and methods and allows an object-oriented style of programming, there is no type hierarchy. The concept of "interface" in Go provides a different approach that we believe is easy to use and in some ways more general. There are also ways to embed types in other types to provide something analogous—but not identical—to subclassing. Moreover, methods in Go are more general than in C++ or Java: they can be defined for any sort of data, even built-in types such as plain, "unboxed" integers. They are not restricted to structs (classes).
>
> Also, the lack of a type hierarchy makes "objects" in Go feel much more lightweight than in languages such as C++ or Java.

---

62 https://go.dev/doc/faq#Is_Go_an_object-oriented_language

'Yes면서 No이기도 하다'라는 애매한 답변인데, 이는 Go가 객체지향의 3대 요소를 일부만 도입하고 있기 때문이다.

028 Go에서는 서브클래스화 사용 불가

많은 사람들이 객체지향 언어에 기대하는 것 중 하나가 앞서 본 응답에도 있는 **서브클래스화**subclassing일 것이다. 좀 더 쉬운 말로 바꾸자면 클래스(타입)의 계층 구조(부모 자식 관계)에 의한 상속을 의미한다.

대표적인 객체지향 언어인 자바로 서브클래스화를 작성한 것이 코드 6.1이다. 코드 6.1은 부모인 Person 클래스, 자식인 Korean 클래스, Person 객체를 인수로 받는 메서드가 포함돼 있다.

코드 6.1 자바로 표현한 Person 클래스를 상속하는 Korean 클래스

```java
class Person {
  String name;
  int age;
}

// Person 클래스를 상속한 Korean 클래스
class Korean extends Person {
  int myNumber;
}

class Main {
  // Person 클래스를 인수로 사용하는 메서드
  public static void hello(Person p) {
    System.out.println("Hello " + p.name);
  }
}
```

자바에서는 Person 클래스를 상속한 Korean 클래스의 객체는 다형성에 의해 Person 변수에 대입할 수 있다. 마찬가지로 Person 클래스의 객체를 인수로 받는 메서드에도 대입할 수도 있다(코드 6.2).

코드 6.2 자바의 클래스 상속과 다형성을 이용한 대입과 호출

```
Korean korean = new Korean();
korean.name = "budougumi0617";
Person person = korean;
Main.Hello(Korean);
```

이런 다형성을 목적으로 한 상속 관계를 표현할 때 Go는 코드 6.1처럼 **구체 클래스** concrete class(**추상 클래스**abstract class)를 부모로 하는 서브클래스 상속 구조를 지원하지 않는다.

029 내장과 상속

Go 코드에서 상속을 표현하기 위해서 **내장**(임베딩)embedding[63]을 사용하는 방식을 소개하는 경우가 있다. 내장은 구조체를 다른 구조체 안에 내장하는 선언 방법이다. 내장을 사용하면 **구조체A**가 내장된 **구조체B**는 **구조체A**의 메서드를 호출할 수 있다. 하지만이 접근법은 **상속**을 표현할 수 없다.

코드 6.3은 내장을 이용한 예제 코드다. BullDog 구조체와 ShibaInu 구조체는 각각 Dog 구조체를 내장하고 있다. BullDog 구조체는 Dog 구조체(의 포인터)에 선언된 Bark 메서드를 BullDog 구조체(의 포인터)에 선언된 메서드처럼 호출할 수 있다. ShibaInu 구조체는 Dog 구조체가 내장돼 있지만 자체 정의한 Bark 메서드를 사용한 오버라이드override를 하고 있다. 메서드를 재사용할 수 있으므로 상속한 것처럼 보인다.

코드 6.3 내장을 사용한 개(Dog) 구현

```go
package main

import "fmt"

type Dog struct{}

func (d *Dog) Bark() string { return "Bow" }

// *Dog의 Bark 메서드를 사용할 수 있는 구조체
type BullDog struct{ Dog }

type ShibaInu struct{ Dog }

// *Dog의 Bark 메서드를 덮어쓰기 하는 메서드
func (s *ShibaInu) Bark() string { return "멍" }
```

---

63 https://go.dev/doc/effective_go#embedding

```
func DogVoice(d *Dog) string    { return d.Bark() }

func main() {
  bd := &BullDog{}
  fmt.Println(bd.Bark())
  si := &ShibaInu{}
  fmt.Println(si.Bark())

  // cannot use si (type *ShibaInu) as type *Dog in argument to DogVoice
  // fmt.Println(DogVoice(si))
}
```

하지만 BullDog 객체나 ShibaInu 객체는 Dog 객체를 인수로 받는 메서드의 변수로 대입할 수 없다. 이것은 내장이 다형성이나 공변성covariance, 반공변성contravariance[64]을 충족하지 못하기 때문이다. 따라서 내장은 객체지향에서 정의된 상속이 아니라 합성 composition이나 다른 언어에서 소개된 트레잇trait, 믹스인mixin에 가까운 개념이다.

코드 6.4는 코드 6.1을 Go로 재작성한 것이다. 코드 6.4에서는 Korean 타입 객체는 Hello 함수에 사용할 수 없다.

코드 6.4 Go로 코드 6.1과 같은 부모 자식 관계를 표현한 경우

```
type Person struct {
  Name string
  Age  int
}

// Person을 내장한 Korean 타입
type Korean struct {
  Person
  MyNumber int
}

func Hello(p Person) {
```

---

64 https://learn.microsoft.com/en-us/dotnet/csharp/programming-guide/concepts/covariance-contravariance/

```
    fmt.Println("Hello " + p.Name)
}
```

이 예제 외에도 **리스코프 치환 원칙**Liskov substitution principle, LSP 등 **SOLID(객체지향 설계) 원칙**의 일부를 그대로 적용할 수 없다. 하지만 SOLID 원칙의 기본적인 개념을 도입하므로 간단하게 범용성 높은 Go 코드를 작성할 수는 있다.

Go와 SOLID 원칙에 대해선 2016년에 데이브 체니Dave Cheney가 GolangUK에서 'SOLID Go Design'[65]이라는 제목으로 설명한 적이 있다.

COLUMN **구현보다 합성을 선택한다**

어떤 클래스가 구체 클래스(또는 추상 클래스)를 확장해서 상속하는 것을 자바에서는 **구현 상속**implementation inheritance이라고 한다. 어떤 클래스가 인터페이스를 구현한 경우나 인터페이스가 다른 인터페이스를 확장해서 상속하는 것을 **인터페이스 상속**interface inheritance이라고 한다.

Go가 지원하는 상속은 자바의 용어를 빌리자면 인터페이스 상속에 해당한다. 클래스의 부모, 자식 관계에 따른 구현 상속은 캡슐화를 파기할 위험이 높으며 많은 상속 단계가 깊으면 클래스 구성을 파악하는 것이 어렵다는 결점이 있다.

이런 내용은 대표적인 객체지향 언어인 자바의 명저 《이펙티브 자바 3/E》(인사이트, 2018년)의 '아이템 18: 상속보다는 컴포지션을 사용하라'에서도 언급한다. Go가 구현 상속을 지원하지 않은 이유는 'Go at Google'의 '15. Composition not inheritance'[66]에서 간단하게 설명한다.

---

65 https://dave.cheney.net/2016/08/20/solid-go-design
66 https://go.dev/talks/2012/splash.article#TOC_15

07

인터페이스

*Web Application Development
in Go Programming Language*

Go는 구체형(추상형의 반대 개념)에 인터페이스명을 명시하지 않는 암묵적 인터페이스 구현을 채택한다. 이번 장에서는 설계의 유연성을 높이고 보수 용이성을 향상시키기 위해 인터페이스를 어떻게 사용하면 좋을지 생각해보자.

030 사용자가 최소한의 인터페이스 정의하기

대부분의 객체지향 언어에서는 class File implements Reader처럼 구현하는 쪽에서 명시적으로 **인터페이스**interface를 지정해야 한다. Go의 인터페이스 언어 사양은 코드 7.1과 같이 구조체가 어떤 식으로 인터페이스를 충족하고 있는지 확인할 방법이 없다. 얼핏 불편하다고 생각할 수도 있지만, 암묵적인 인터페이스 정의는 약한 결합으로 유연한 설계를 할 수 있게 해준다.

코드 7.1 어떤 인터페이스를 따르고 있는지 모른다

```
// 별도로 명시하지 않지만 Read 메서드가 있는 *File 객체는
// io.Reader 인터페이스를 따르고 있다.
type File struct{}

func (f *File) Read(p []byte) (n int, err error){ return 0, nil}
```

Go 인터페이스의 사양을 활용해서 설계하면 다음과 같은 장점이 있다.

- 사용자 측에서 인터페이스를 정의한다.
- 최소한의 인터페이스를 정의한다.

먼저 Go에서는 구현 측의 구조체가 표준 패키지나 외부 제공 라이브러리에 정의돼 있지 않아도 사용자 측에서 정의한 인터페이스를 통해 이용할 수 있다. 설령 다른 패키지에 구현돼 있다고 해도 사용자 측 패키지에 인터페이스를 정의하므로 패키지 독립성을 확보하고 완전한 약한 결합 관계를 구축할 수 있다. 또한, 사용자 측에서 자유롭게 인터페이스를 정의할 수 있어서 사용자 측 코드에서 이용할 수 있는 메서드만 지닌 인터페이스를 정의할 수도 있다. 즉, 사용자가 구조체를 특정 작업에만 사용하고 싶다면 코드 7.2처럼 인터페이스를 정의하면 된다.

Receiver 인터페이스는 Modem 구조체의 Recv 메서드 이외의 기능에 대해선 일절 관여하지 않는다. 최소한의 인터페이스 정의를 활용해서 '클라이언트가 사용하지 않는 메서드에 의존하도록 강요해서는 안 된다'라는 SOLID 원칙 중 인터페이스 분리 원칙 interface-segregation principle, ISP[67]에 따라 결합도가 낮은 관계를 구현 측과 호출 측에 맡길 수 있다. 큰 인터페이스나 복수의 메서드에 의존하고 있다면 다른 사람의 변경에 영향을 줄 가능성이 높아진다. 의존하는 대상이 적으면 적을수록 응집도가 높아져서 약한 결합의 설계가 가능해지는 것이다.

코드 7.2 **Modem 타입의 Recv 작업에만 주목한 인터페이스 정의**

```go
type Modem struct {}
func (Modem) Dial() {}
func (Modem) Hangup() {}
func (Modem) Sender() {}
func (Modem) Recv() {}

// Recv 메서드에만 주목한 인터페이스 정의
type Receiver interface {
  Recv()
}
```

COLUMN **-er 인터페이스**

인터페이스 정의에 XXX 메서드 하나만 가지고 있는 인터페이스는 관례상 er이라는 접미사를 붙여서 XXXer이라고 명명한다. 이것은 'Effective Go'에서도 추천[68]하는 명명 규칙으로 Go 내에서는 인기 있는 방법이다. er를 붙였을 때 영어 단어로서 존재하지 않더라도 이 명명 규칙을 따르는 경우가 많다. Do 메서드밖에 없는 Doer 인터페이스 등이 이런 예이다.

---

67 《클린 소프트웨어》(제이펍, 2017년)의 12장 '인터페이스 분리 원칙(ISP)' 참고
68 https://go.dev/doc/effective_go#interface-names

031 라이브러리로서의 인터페이스 반환

패키지를 라이브러리로서 다른 패키지에 제공할 때는 상세 구현을 패키지 내에 은폐하기 위해 인터페이스를 반환하는 함수를 작성하는 경우도 있다.

● 인터페이스를 반환할 때 '계약에 의한 설계' 의식하기

계약에 의한 설계design by contract, DbC는 베르트랑 메예르Bertrand Meyer가《Object-Oriented Software Construction 2nd edition》에서 제창한 기법이다. '계약에 의한 설계'는 시스템 사용자가 아닌[69] 그 타입이나 함수를 사용하는 시스템 개발자 대상으로 사전 조건, 사후 조건, 불변 조건 등을 명시하는 것이다. 계약은 개발자가 요구하는 제약, 조건이므로 사용자 입력 등의 검증에 사용되는 조건이 아니다. 따라서 구현에서 계약을 표현할 때는 컴파일 옵션 등으로 릴리스 결과물에서는 무효화시킨다.

C++ 등에서는 **assert** 함수를 사용해서 계약을 표현한다. C#에서는 계약 프로그래밍으로 사전 조건, 사후 조건, 그리고 객체 불변 조건을 코드로 지정할 수 있다.[70] 참고로 Go에서는 **assert** 함수에 해당하는 기능이 없으므로 코드 주석을 사용해 표현한다.[71]

● Go의 표준 인터페이스를 통해 확인하는 '계약에 의한 설계'

io.Reader 인터페이스[72]에 기재돼 있는 주석을 참고해보자. 다음은 **io.Reader** 인터페이스의 주석 일부다.

---

69 라이브러리 관련해서는 라이브러리 사용자(개발자)에게 계약을 요구하는 것이 된다.
70 https://learn.microsoft.com/en-us/dotnet/framework/debug-trace-profile/code-contracts
71 **assert**가 존재하지 않는 이유는 FAQ에서 설명한다. https://go.dev/doc/faq#assertions
72 https://pkg.go.dev/io#Reader

Reader is the interface that wraps the basic Read method.

Read reads up to `len(p)` bytes into p. It returns the number of bytes read (0 <= n <= `len(p)`) and any error encountered. Even if Read `returns` n < `len(p)`, it may use all of p as scratch space during the call. If some data is available but not `len(p)` bytes, Read conventionally returns what is available instead of waiting for more.

주석에는 인터페이스를 구현할 때에 지켜야 할 규칙이나 사후 조건 등이 기재돼 있다. 주석에 기재돼 있는 내용과 다른 움직임 혹은 사후 상태가 된다면, 구현된 코드가 계약을 지키고 있지 않은 것이다(구현 측의 잘못). 사전 조건을 충족하지 않은 상태에서 인터페이스를 조작한다면 사용자 측 문제로 판단할 수 있다. API 인터페이스 주석에는 무엇을 작성해야 하고 무엇을 작성해서는 안 되는지는 존 오스터하우트John Ousterhout의 《A Philosophy of Software Design, 2nd Edition》의 13.5절 'Interface documentation' 등을 참고하자.

032 인터페이스 사용 시 주의점

여기선 인터페이스를 사용할 때에 주의해야 할 점을 소개한다.

● nil과 인터페이스

Go의 인터페이스를 사용할 때 주의해야 할 것은 인터페이스의 데이터 구조다. Go의 인터페이스는 구체형 타입 정보$_{type}$와 값$_{value}$으로 구성된 데이터 구조를 지닌다.

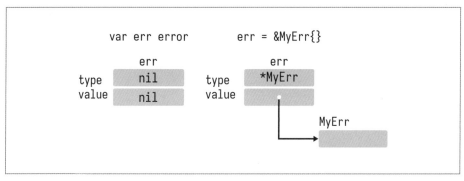

그림 7.1 인터페이스의 데이터 구조

객체가 대입돼 있지 않더라도 타입 정보가 설정돼 있는 인터페이스 값은 nil이 아니다. 코드 7.3의 Apply 함수는 항상 nil이 대입된 err 변수를 반환한다.[73] 하지만 Apply 함수의 반환값을 nil과 비교해도 false가 출력된다. 이것은 반환값이 error 인터페이스이므로 실제 반환값은 '타입이 *MyErr 타입이고 값은 nil의 error 인터페이스를 충족하는 값'이 되기 때문이다.

---

[73] https://go.dev/play/p/H9-w2Q5iYcC

Apply2 함수의 반환값은 nil과 비교하면 true가 출력된다. Apply2 함수의 err 변수 타입 정보가 error 인터페이스이므로 반환값은 '타입도 값도 nil의 error 인스턴스를 충족하는 값'이 되기 때문이다.

인터페이스가 반환값의 함수나 메서드인 경우 nil이 대입돼 있는 구체형 포인터를 반환해도 호출한 것의 nil과 비교하면 false가 된다. nil을 반환하고 싶다면 명시적으로 nil을 return 문으로 지정하는 것이 이런 실수를 피할 수 있는 비법이다.

코드 7.3 fmt.Println 함수가 false를 출력한다

```go
package main

import "fmt"

type MyErr struct{}

func (me *MyErr) Error() string { return "" }

func Apply() error {
  var err *MyErr = nil
  // 반환값에 타입 정보가 포함돼 있으므로 예상 밖의 처리를 한다.
  return err
}

func Apply2() error {
  var err error = nil
  // 결과적으로 문제가 없지만,
  // 명시적으로 nil을 return해서 실수를 방지하는 것이 좋다.
  return err
}

func main() {
  fmt.Println(Apply() == nil)  // false
  fmt.Println(Apply2() == nil) // true
}
```

더 상세한 설명은 《The GO Programming Language》(에이콘출판사, 2016)의 7.5절 '인터페이스 값'이나 러스 콕스의 글 'Go Data Structure: Interface'[74]를 참고하면 좋다.

● 인터페이스를 많이 만들지 않기

IDE를 사용하면 특정 인터페이스를 충족하는 구현을 찾을 수 있지만, 앞서 설명한 것처럼 Go는 특정 구조체가 어떤 인터페이스를 충족하는지 구조체 정의 코드를 통해 확인할 수 없다. 불필요한 추상화를 하는 인터페이스 정의는 코드 가독성을 떨어뜨린다.

《The Go Programming Language》의 7.15절 '몇 마디 조언'에서는 인터페이스를 정의할 때의 조언으로 다음과 같이 설명한다.

인터페이스는 통일시켜야 할 두 개 이상의 구체형이 존재할 때만 필요하다.
인터페이스가 단일 구체형은 충족하고 있지만 의존성 때문에 해당 구체형이 인터페이스와 같은 패키지에는 존재할 수 없을 때만 이 규칙을 예외로 하고 있다. 이 경우 인터페이스는 두 개의 패키지를 분리시키기 위한 훌륭한 방법이 될 수 있다.

패키지 간 의존성을 약한 결합으로 만드는 목적 외에 인터페이스를 정의하는 경우는 애당초 인터페이스를 정의할 필요가 있는지를 생각해보는 것이 좋다.

---

74 https://research.swtch.com/interfaces

08

오류 처리

Web Application Development in Go Programming Language

Go의 가장 큰 특징으로 예외 구문(자바의 try-catch-finally에 해당하는 구문)이 없다는 것은 잘 알려진 사실이다. 예외를 사용하지 않고 어떻게 이상 상태를 다루는지 설명한다.

033 오류

Go의 언어 사양 중에서 의견이 첨예하게 갈리는 것이 바로 오류 처리 방법이다. Go의 오류 사양[75]은 코드 8.1에서 볼 수 있듯이 error 인터페이스 정의(한 줄의 사용 예)만 있는 아주 단순한 사양이다.

코드 8.1 error 인터페이스 정의

```
type error interface {
  Error() string
}
```

표준 패키지에 있는 error 인터페이스와 관련된 함수도 errors 패키지[76]의 4개 함수, fmt 패키지의 Errorf 함수[77] 등 총 5개 함수밖에 없다.

코드 8.2 오류 관련 표준 패키지의 함수

```
// errors 패키지
func As(err error, target interface{}) bool
func Is(err, target error) bool
func New(text string) error
func Unwrap(err error) error

// fmt 패키지
func Errorf(format string, a ...interface{}) error
```

---

75 https://go.dev/ref/spec#Errors
76 https://pkg.go.dev/errors
77 https://pkg.go.dev/fmt#Errorf

● 오류는 단순한 값

Go의 오류와 관련된 개념 중 중요한 것은 오류는 단순한 값이라는 점이다.[78] 반환값의 순서가 언어 사양에 의해 정해져 있지는 않지만, 오류를 반환할 때는 함수나 메서드의 최종 반환값으로 반환하는 것이 관례다.

다른 언어에서 채택하고 있는 예외 구조와 달리 Go의 오류는 int나 string처럼 return을 사용해서 함수나 메서드의 반환값으로 반환한다. 호출한 쪽도 다른 인터페이스와 같이 nil이 아니라면 실제 값을 처리한다. 호출한 쪽에서 오류 처리를 한다면 로그 출력이나 오류 보고를 만들며 추가로 상위 호출 함수에 오류 처리를 전달할 때는 error 타입값[79]을 반환한다. 당연히 함수나 메서드의 반환값에 error 인터페이스가 포함된다.[80]

error 인터페이스도 일반 인터페이스와 동일하게 처리하므로 Error() string 메서드를 타입으로 정의만 하면 독자 오류 타입으로 사용할 수 있다.

● 오류 작성

표준 패키지를 사용해 오류를 작성하는 방법에는 두 가지가 있다. errors.new 함수와 fmt.Errorf 함수를 사용하는 것이다. 오류 메시지에 %s나 %d 등의 동사형verb[81]을 사용해서 동적인 정보를 삽입하려면 fmt.Errorf 함수를 사용한다.

코드 8.3 errors.new 함수와 fmt.Errorf 함수

```
func GetAuthor(id AuthorID) (*Author, error) {
  if !id.Valid() {
    return nil, errors.New("GetAuthor: id is invalid")
    // 오류문에 id값을 사용할 때는 Errorf 함수를 사용한다.
```

---

78 https://go.dev/blog/errors-are-values
79 정확히 말하면 'error 인터페이스를 충족하는 타입의 값'이지만 글자 수가 너무 많으므로 이 책에서는 'error 타입값'이라고 통일하도록 한다.
80 https://go.dev/blog/error-handling-and-go
81 https://pkg.go.dev/fmt#hdr-Printing

```
    // return nil, fmt.Errorf("GetAuthor: id(%d) is invalid", id)
  }
  // do anything...
}

func GetAuthorName(b *Book) (string, error) {
  a, err := GetAuthor(b.AuthorID)
  if err != nil {
    return "", fmt.Errorf("GetAuthorName: %v", err)
  }
  return a.Name(), nil
}
```

fmt.Errorf 함수를 사용하면 다른 error 타입의 값을 사용해서 새로운 error 타입값을 생성할 수도 있다.

코드 8.3의 GetAuthorName 함수에서는 GetAuthor 함수가 error 타입값을 반환한 경우 이 error 타입값을 기반으로 새로운 error 타입값을 생성한다. **스택 추적(스택 트레이스)**stack trace을 포함하고 있지 않는 Go에서는 이렇게 연속적인 오류 발생을 표현한다.

마지막으로 오류 내용을 로그나 표준 출력에 출력할 때는 코드 8.4처럼 오류 문자열을 출력한다.

코드 8.4 연속적인 오류를 최종적으로 출력

```
GetBookSummary: GetAuthorName: GetAuthor: id is invalid
```

> **COLUMN** **함수마다 fmt.Errorf 함수를 호출하는 것은 번거로우니 스택 추적이 좋다**
>
> 실행한 함수에서 오류가 발생할 때마다 새로운 오류를 생성하는 것은 번거로운 작업이다. 그리고 스택 추적을 생성하면 이런 귀찮은 작업을 피할 수 있다고 생각할 수도 있다. 필자도 오랜 시간 github.com/pkg/errors 패키지를 사용해서 스택 추적을 출력했다.

단, 스택 추적은 '일단 전부 출력해두는 정보'라는 의미가 강하다. 여러 개의 미들웨어나 익명 함수를 사용하면서 스택 추적을 출력하면 '원래 알고 싶었던 정보'를 놓치고 중복된 정보들이 출력될 수 있다.

이런 이유로 오류 원인을 조사할 때에 실제로 확인하는 스택 추적이 단 몇 줄에 불과할 때도 있다. 그렇다면 프로그래머가 오류를 설계해서 간략한 오류 출력을 명시적으로 포함시키는 것이 효율적이며 오류 분석에 도움이 된다. 또한, 다음 절에서 설명하겠지만, fmt.Errorf 함수를 사용하면 오류에 새로운 타입 정보를 부여하거나 내부 오류 타입을 은폐할 수 있다는 이점도 있다.

● 오류 래핑

코드 8.3의 예제 코드에서는 fmt.Errorf 함수를 활용하므로 새로운 오류를 생성할 수 있다고 설명했다. 코드 8.4 같은 문자열은 오류가 어떻게 전파되는지 컴퓨터는 이해하지만 프로그래머가 읽을 수 있는 형태는 아니다.

코드 8.5의 GetBook 메서드는 *database/sql.DB.QueryContext 메서드의 반환값을 사용하지만, 반환값의 오류를 fmt.Errorf 함수로 새롭게 작성한다. 따라서 이 메서드의 반환값은 database/sql 패키지에 정의된 오류 객체가 아니다. 그 결과 QueryContext 메서드의 반환값 오류가 sql.ErrNoRows라고 해도 GetAuthorName 함수 내에 구현돼 있는 err == sql.ErrNoRows라는 조건이 참true이 되지 않는다.

코드 8.5 **sql.ErrNoRows와 비교해도 참이 되지 않는다**

```
var db *sql.DB

func (r *Repo) GetBook(t BookTitle)(*Book, error) {
  rows, err := db.QueryContext(ctx,
    "SELECT id, title, author_id FROM books WHERE title=?", title,
  )
  if err != nil {
    return nil, fmt.Errorf("GetBook: %v", err)
  }
  defer rows.Close()
  // ...
}
```

```
func GetAuthorName(t BookTitle) (string, error) {
  b, err := r.GetBook(t)
  if err != nil {
    if err == sql.ErrNoRows {
      return "", fmt.Errorf("GetAuthor: unknown book %v", err)
    }
    // ...
}
```

오류를 래핑해서 반환하므로 부가 정보와 오류 발생 위치의 오류 객체 정보를 보관해 두고 싶다는 요구가 있었다. 이런 이유로 Go 1.13부터 추가된 것이 래핑wrapping 형식[82] 이다. 오류 객체 정보를 보관하려면 오류를 삽입하는 %w를 사용한다. 코드 8.6처럼 오류를 래핑하면[83] 원래 오류의 객체 정보를 보관하고 새로운 오류를 생성할 수 있다.[84]

연속 오류에 특정 객체가 포함되어 있는지 검증하기 위해서 GetAuthorName 함수에서 사용하고 있는 것이 다음 절에서 설명할 errors.Is 함수다.

코드 8.6 **Go 1.13부터 도입된 래핑**

```
func (r *Repo) GetBook(t BookTitle)(*Book, error) {
  rows, err := db.QueryContext(ctx,
    "SELECT id, title, author_id FROM books WHERE title=?", title,
  )
  if err != nil {
    return nil, fmt.Errorf("GetBook: %w", err)
  }
  defer rows.Close()
  // ...
}

func GetAuthorName(t BookTitle) (string, error) {
  b, err := r.GetBook(t)
  if err != nil {
```

---

82 https://go.dev/doc/go1.13#error_wrapping
83 https://go.dev/blog/go1.13-errors
84 https://go.dev/wiki/ErrorValueFAQ

```
    if errors.Is(err, sql.ErrNoRows) {
      return "", fmt.Errorf("GetAuthor: unknown book %v", err)
    }
    // ...
}
```

> **COLUMN** 오류를 제대로 매번 래핑하고 있는가?
> --
>
> 구현한 것을 리뷰할 때마다 오류를 래핑하고 있는지 확인해야 한다면 아주 번거롭다. 'error
> 타입값을 래핑하지 않고 return하고 있는지'를 검사하는 github.com/tomarrell/
> wrapcheck[85]라는 정적 분석 툴이 존재한다. 이를 CI(지속적 통합)continuous integration를 이용
> 해서 자동화해두면 리뷰 업무 로직 자체에 집중할 수 있다.[86]

● errors.Is 함수를 사용한 오류 식별

Go 1.13 이후부터는 errors.Is 함수를 사용하면 래핑된 오류도 오류 체인 안에 특정
객체가 포함돼 있는지를 확인할 수 있다.[87] errors.Is 함수의 정의는 코드 8.7에서, 이
용 방법은 코드 8.6을 참고하자.

사전 정의된 오류는 표준 패키지에도 포함돼 있다. 예를 들어 database/sql 패키지
에는 행row이 발견되지 않은 것을 알려주는 ErrNoRows나 트랜잭션이 COMMIT 또는
ROLLBACK 완료된 것을 알려주는 ErrTxtDone 등이 포함돼 있다.[88]

코드 8.7 error.Is 함수의 정의

```
func Is(err, target error) bool
```

---

85 https://github.com/tomarrell/wrapcheck

86 golangci-lint를 통해 실행할 수 있다. https://golangci-lint.run/usage/linters/#wrapcheck

87 https://pkg.go.dev/errors#Is

88 https://pkg.go.dev/database/sql#pkg-variables

error 인터페이스를 충족하는 구조체를 자체 정의하고 있고, 다음과 같은 요구 사항이 있는 경우는 뒤의 '자체 오류 구조체를 정의한다'에서 설명하고 있는 몇 가지 구현을 추가해야 한다.

- 자체 규칙으로 errors.Is 함수의 인수인 err와 target이 일치하는지 검증하고 싶다.
- 다른 오류를 내포할 수 있는(연속 오류 도중에 등장하는) 자체 구조체를 정의하고 싶다.

자체 구조체를 설계하는 멤버 이외에는 '오류 객체를 비교할 때는 ==가 아닌 errors. Is 함수를 사용한다'는 것만 인식하고 있으면 된다.

● errors.As를 사용한 자체 정보 얻기

보통 Go에서 오류를 반환값으로 하는 함수나 메서드를 정의할 때는 error 인터페이스 객체의 반환값으로 정의한다. 이 방식에서는 Error 메서드만 이용할 수 있다. 물론 오류는 값이므로 me, ok := err.(*MySError)처럼 타입 어서션[89]을 작성할 수 있다. 하지만 단순한 타입 어서션에서는 오류가 다른 오류 구조체로 래핑돼 있을 때 실패한다.

그래서 Go 1.13 이후부터는 코드 8.8의 errors.As 함수를 사용한다.

코드 8.8 errors.As 함수 정의

```
func As(err error, target interface{}) bool
```

As 함수는 err 인수의 연속 메서드 안에 target 인수로 지정한 타입이 있으면 true 를 반환한다. target 인수는 error 인터페이스를 충족하는 변수의 포인터를 지정한다. true인 경우 target에는 오류값이 포함된다.

코드 8.9는 errors.As 함수를 사용해 연속 오류 안에 있는 상세 정보에 접근하는 예이다. Go로 MySQL를 사용해 영구 데이터를 조작할 때는 github.com/go-sql-driver/

---

89 https://go.dev/ref/spec#Type_assertions

mysql[90] 패키지를 사용한다.

보통 errors 인터페이스를 통해선 MySQL 고유의 정보는 얻을 수 없다. 하지만 github.com/go-sql-driver/mysql 패키지에는 자체 오류 구조체인 MySQL Error 구조체가 있다.[91] 코드 8.9에서는 errors.As 함수를 사용해 자체 오류를 얻을 수 있으므로 MySQL 오류 코드 정보[92]를 사용해서 표현력이 풍부한 오류 처리를 구현하고 있다.

코드 8.9 errors.As 함수를 사용해 RDBMS 오류 정보를 가져온다

```go
package store
import (
  "context"
  "errors"
  "github.com/go-sql-driver/mysql"
)

// MySQLDuplicateEntryErrorCode는 중복 데이터가 있는 경우의 MySQL 오류 코드
// ref: https://dev.mysql.com/doc/mysql-errors/8.0/en/server-error-reference.html
const MySQLDuplicateEntryErrorCode uint16 = 1062

var ErrAlreadyExists = errors.New("duplicate entry")

func (repo *Repo) SaveBook(ctx context.Context, book *Book) error {
  r, err := repo.db.ExecContext(ctx /* ... */)
  if err != nil {
    var mysqlErr *mysql.MySQLError
    if errors.As(err, &mysqlErr); mysqlErr.Number == MySQLDuplicateEntryErrorCode {
      return fmt.Errorf("store: cannot save book_id %d: %w", book.ID, ErrAlreadyExists)
    }
    // *mysql.MySQLError 이외의 오류인 경우 처리
  }
  // ...
}
```

---

90 https://pkg.go.dev/github.com/go-sql-driver/mysql

91 https://pkg.go.dev/github.com/go-sql-driver/mysql#MySQLError

92 https://dev.mysql.com/doc/mysql-errors/8.0/en/server-error-reference.html

● 자체 오류 선언

자체 패키지에서도 errors.Is 함수를 사용해 특정 오류 상태를 식별해야 하는 경우가 발생한다. 이때는 코드 8.10과 같이 패키지 범위의 변수로 error 타입값을 정의하면 된다. errors.Is 함수는 보통 객체가 일치하면 타입이 고유하지 않아도 식별할 수 있다.[93]

스택 추적을 포함한 오류를 생성하는 github.com/pkg/errors 같은 패키지를 사용하면 의도하지 않은 스택 추적이 포함돼 버리므로 주의하도록 하자. 또한, Go에서 자체 오류를 정의할 때는 습관적으로 Err- 접두사를 붙이도록 하자.

코드 8.10 **자체 오류**

```go
package book

import "errors"

var ErrNotExist = errors.New("book: not exist book")
```

● 자체 오류 구조체 정의

자체 오류를 선언해서 식별하는 것뿐만 아니라, 객체의 필드에 상세 정보를 저장하거나 자체 메서드를 정의하고 싶을 때는 오류용 자체 구조체를 준비한다. 예를 들어 코드 8.11처럼 자체 오류 코드를 포함하고 있는 구조체를 정의할 수 있다.

코드 8.11 **간단한 자체 오류 구조체**

```go
type ErrCode int
type MyError struct {
  Code ErrCode
}

func (e *MyError) Error() string {
```

---

93 error 인터페이스를 충족하는 자체 구조체를 정의하고, Is(error) bool 메서드를 구현하면 임의의 규칙으로 판정할 수 있다.

```
    return fmt.Sprintf("code: %d", e.Code)
}
```

만약 연속 오류의 상세 정보를 저장해야 하는 경우 error 인터페이스를 충족하기 위해 Error 함수 외에 코드 8.12처럼 연속 오류 관련 메서드를 구현해야 한다.

코드 8.12 자체 오류 구조체에서 연속 오류를 저장하기 위한 메서드 정의

```
func (e *MyError) Unwrap() error
func (e *MyError) As(target interface{}) bool
func (e *MyError) Is(target error) bool
```

주의해야 할 것은 자체 오류를 정의할 때에도 함수나 메서드 반환값은 error 인터페이스를 사용해야 한다는 것이다. 자체 오류의 타입 정보까지 필요한지 여부는 호출하는 쪽에 달려있다. 또한, 습관을 따라 사용해도 문제가 없도록 하는 것이 사용하는 측의 실수를 줄여줄 수 있다.

32절 '인터페이스 사용 시 주의점'에서 언급한 nil 비교 시의 예상하지 못한 처리를 방지하기 위해서도 error 인터페이스를 반환값으로 정의하는 것이 좋다.

● 과도한 Unwrap 메서드 사용은 패키지나 구현의 강한 결합 유도

자체 오류 구조체에 Unwrap() error 메서드를 구현하므로 오류 발생 위치를 호출 위치로 전달할 수 있다. 단, 모든 오류의 발생 위치 객체를 공개할 필요는 없다. 연속 오류의 제공은 상세 정보 공개로 연결된다.

예를 들어 영구 데이터를 처리하기 위한 store 패키지를 만들었다면 그 안에서 사용하고 있는 드라이버 패키지에 정의된 오류 타입은 래핑하지 않고 사용해서 데이터를 구조적으로 은폐한다. 이렇게 하면 store 패키지 이용자에게 드라이버의 구현이나 RDBMS에 의존하지 않는 약한 결합을 강제적으로 구현하게 할 수 있다.

오류 원인을 찾기 어려운 것은 정보 은폐가 아닌 정보 누락이므로, 자체 패키지에 오류 코드를 가진 독자 오류 구조체나 오류 원인별로 자체 오류를 정의해두는 등 원인을 찾을 수 있는 구조를 생각해두도록 하자.

● 스택 추적

다른 언어의 예외 사양에 해당하는 것으로 Go에 없는 기능 중 하나가 스택 추적이다.[94] Go 1.13가 릴리스되기 전에 스택 추적을 오류 구조에 포함시키자는 논의가 있었지만 결국 채택되지 않았다. Go 2.x에서 스택 추적을 포함시키자는 방향으로 검토가 진행됐으나 현재는 진척이 없다.[95]

스택 추적을 포함한 오류를 작성하는 오픈소스 패키지로 github.com/pkg/errors[96]나 Go 1.13 릴리스 전에 검토용으로 구현된 golang.org/x/xerrors[97]가 존재한다. xerrors는 현재 업데이트되고 있지 않으며 pkg/errors도 2021년 말에 깃허브의 리포지터리가 보존archive 상태에 있다.[98]

대부분의 타 언어에서는 예외에 포함되는 스택 추적 정보를 바탕으로 장애 분석을 한다. 스택 추적 없이 호출 위치 등을 분석하려면 코드 8.13과 같이 오류 메시지를 래핑하면서 전파해 나가면 된다.

코드 8.13 error 타입값을 반환할 때는 부가 정보를 추가한다

```
func AddBook(ctx context.Context, b *Book) errror {
  if err := repo.SaveBook(ctx, b); err != nil {
    // 앞선 오류의 타입 정보를 저장하려면 %w, 그렇지 않다면 %v
    return fmt.Errorf("AddBook: %v", err)
  }
  return nil
}
```

---

94 오류 구조에 포함되지 않은 것으로 Go에서도 runtime 패키지를 사용해 스택 추적을 얻을 수 있다.
  https://pkg.go.dev/runtime#Frame
95 https://github.com/golang/go/issues/29934
96 https://pkg.go.dev/github.com/pkg/errors
97 https://pkg.go.dev/golang.org/x/xerrors
98 유지보수 중단을 의미한다.

● panic

예상한 이상 상태는 `error`를 사용해서 표현하면 되지만, 프로그램이나 라이브러리가
처리할 수 없는 근본적인 문제나 로직상의 버그[102]는 panic을 사용해서 대응한다.

`error`는 호출하는 함수나 메서드에 순서대로 전달되지만, panic은 전역 범위를 넘어설
수 있다. 특정 고루틴 내에서 panic이 실행된 경우 recover로 캡처(catch)할 필요가 있
다. recover는 `try-catch-finally` 구문의 catch에 해당하는 처리다. 원칙상 `defer` 문
과 함께 사용해야 한다.

코드 8.14는 간단한 panic과 recover의 사용 예를 보여준다. main 함수는 panic에 의
해 강제적으로 처리가 중단되므로 두 번째 `fmt.Println` 함수 호출은 실행되지 않는다.

---

99 https://jxck.hatenablog.com/entry/golang-error-handling-lesson-by-rob-pike
100 https://github.com/golang/vscode-go/blob/v0.30.0/snippets/go.json
101 https://www.jetbrains.com/help/go/settings-postfix-completion.html
102 존재해야 할 파일이나 환경 변수가 없거나 저장소에 공간이 없어 기록할 수 없는 경우 등이 있다.

코드 8.14 panic을 catch하는 간단한 recover

```go
package main

import "fmt"

func main() {
  defer func() {
    if r := recover(); r != nil {
      fmt.Printf("보완한 panic: %v", r)
    }
  }()
  fmt.Println("출력된다")
  panic("happening!")
  fmt.Println("출력되지 않는다")
}

// Output:
// 출력된다.
// 보완한 panic: happening!
```

panic을 사용할 때 주의점은 recover는 다른 고루틴에서 발생한 panic을 캡처할 수 없다는 것이다. 따라서 recover하지 않는 고루틴 안에서 panic이 발생한 경우, 캡처되지 않는 panic이 전파돼서 프로그램이 이상 종료될 수 있다. 새로운 고루틴에서 실행하는 경우는 처리 중에 panic이 발생하지 않는지 확인해둘 필요가 있다.

● panic을 패키지 밖으로 노출하지 않기

라이브러리로 패키지를 설계할 때는 panic을 패키지 밖으로 전파하지 않도록 설계해야 한다.[103]

Go로 코딩할 때의 마인드로 '일단 catch (Exception e)로 감싸 두자'라는 생각은 할 필요가 없다. 어쩔 수 없이 패키지 안에서 panic을 사용해야 하는 경우 **명명된 반환값**

---

[103] https://github.com/golang/go/wiki/PanicAndRecover

named return value[104]과 함께 사용하면 error의 반환값으로 외부에 전파할 수 있다.

코드 8.15는 깃허브 wiki[105]에 게재돼 있는 예제 코드다. defer 문과 명명된 반환값을 이용하면 defer로 호출하는 함수 내에서 반환값을 강제적으로 수정할 수 있다.[106] 이를 통해 발생한 panic 정보를 사용해 함수의 반환값으로 error 인터페이스를 충족하는 객체를 생성할 수 있다.

코드 8.15 **명명된 반환값과 recover를 조합할 수 있다**

```
// Parse가 입력값인 문자열을 스페이스 단위로 단어를 분리한 후 integer로 반환한다.
func Parse(input string) (numbers []int, err error) {
  defer func() {
    if r := recover(); r != nil {
      var ok bool
      err, ok = r.(error)
      if !ok {
        err = fmt.Errorf("pkg: %v", r)
      }
    }
  }()

  fields := strings.Fields(input)
  numbers = fields2numbers(fields)
  return
}
```

---

104 https://go.dev/tour/basics/7

105 https://go.dev/wiki/PanicAndRecover

106 이름 지정 반환값은 가독성이 떨어지므로 defer 문과 조합할 때나 (int, int, error)처럼 같은 타입을 여러 개의 반환값으로 반환할 때 외에는 피하는 것이 좋다.

034 웹 애플리케이션에서의 panic 사용법

panic을 발생시켜야 하는 상황은 애플리케이션 사양에 따라 달라진다. 예를 들어 지정한 파일명의 파일이 존재하지 않는 경우를 생각해보자. 사용자 입력으로 지정한 파일이 존재하지 않는 상황에서는 해당 파일이 존재하지 않는 것이 쉽게 발생하는 경우라면 error를 반환해야 한다.

반면 지정한 파일명의 CSS 파일이 존재하지 않는 경우는 웹 애플리케이션이라면 이상 상황이고 자체 회복이 불가능한 상황이므로 panic을 사용하는 것이 좋다.

● 웹 애플리케이션이 요청 처리 로직에서 panic을 하면 어떻게 될까?

HTTP 요청 처리 중에 panic을 사용해서 처리를 종료한 경우 Go의 애플리케이션이 이상 종료되는 것은 일반적이지 않다. 보통은 Go의 HTTP 서버 구현은 요청 단위로 recover를 포함한 상태로 고루틴을 실행하므로[107] 애플리케이션 실행 시의 메인 고루틴에서 panic을 발생시키지 않는 한 애플리케이션 자체는 종료되지 않는다.

단, 요청을 전송한 클라이언트 측에는 서버가 기본 생성하는 응답을 반환한다. 애플리케이션을 구현할 때는 미리 사양에서 정한 이상 응답을 반환하는 panic과 이에 대응하는 recovery를 미들웨어에 구현 및 적용해두는 것이 좋다. 미들웨어에 대해선 12장에서 자세히 다룬다.

---

107 https://cs.opensource.google/go/go/+/refs/tags/go1.18.2:src/net/http/server.go;l=3368-3376

09

익명 함수 및 클로저

*Web Application Development
in Go Programming Language*

Go는 함수를 일급 객체로 사용할 수 있으며 익명 함수를 사용하면 클로저도 이용할 수 있다.

035 Go에서 함수를 다루는 방법

Go의 언어 사용에서 함수는 일급 객체first class object[108]이다. 즉, 함수를 변수에 대입하거나 타입으로 이용할 수도 있다.[109] 또한, 함수 리터럴을 사용해 **익명 함수(무명 함수)** anonymous function를 만들 수도 있다.[110]

Go에서 웹서버를 구현할 때에 사용하는 HTTP 처리 타입인 http.HandlerFunc 타입도 코드 9.1에 있는 것처럼 func(ResponseWriter, *Request)라는 **시그니처 함수** 타입이다.[111]

코드 9.1 http.HandlerFunc 타입

```
type HandlerFunc func(ResponseWriter, *Request)

func (f HandlerFunc) ServeHTTP(w ResponseWriter, r *Request)
```

● 웹 애플리케이션과 익명 함수

웹 애플리케이션 개발 시에 익명 함수를 많이 사용하는 경우는 미들웨어 패턴과 HTTP 클라이언트를 구현할 때일 것이다. 미들웨어 패턴에 대해선 12장에서 자세히 소개한다.

---

108 https://en.wikipedia.org/wiki/First-class_citizen
109 https://go.dev/ref/spec#Function_types
110 https://go.dev/ref/spec#Function_literals
111 https://pkg.go.dev/net/http#HandlerFunc

● 익명 함수를 사용한 시그니처 함수 생성

프레임워크에 준비된 함수 타입과 시그니처가 맞지 않는 경우도 익명 함수를 사용하므로 시그니처를 처리할 수 있다. 웹 애플리케이션 개발의 경우 func(http.ResponseWriter, *http.Request)라는 net/http 패키지의 http.HandlerFunc 타입에 함수의 시그니처를 맞춰서 기존 프레임워크에서도 사용할 수 있다.

12장에서 익명 함수를 사용해서 http.HandlerFunc 인터페이스를 충족시키는 방법을 소개한다.

036 상태를 가진 함수 만들기

익명 함수는 선언된 범위 내의 변수에 접근할 수 있다.

코드 9.2는 store 함수를 사용해 상태를 가진 익명 함수(클로저)를 생성하는 예이다.[112] store 함수가 반환하는 클로저는 store 함수 내의 x 변수에 접근한다. x 변수는 store 함수가 호출될 때마다 다른 영역에 저장되므로 s1 변수, s2 변수에 대입된 클로저는 호출될 때마다 독립된 별도의 x 변수를 추가한다. 이것은 Go의 익명 함수가 익명 함수 밖에 선언된 변수에도 접근할 수 있기 때문이다. 클로저 자체가 s1 변수 등에 묶여 있는 한 x 변수는 **쓰레기 수집(가비지 컬렉션)**garbage collection, GC되지 않는다.

보통 함수에 상태를 부여할 때 구조체를 사용해서 메서드를 작성할 것이다. 구조체 자체에 의미가 없다면 이렇게 클로저를 생성하는 함수를 선언하므로 불필요한 구조체 선언을 피할 수 있다.

코드 9.2 익명 함수는 상태를 가질 수 있다

```
package main

import "fmt"

func store() func(int) int {
  var x int
  return func(n int) int {
    x += n
    return x
  }
}

func main() {
```

---

112 https://go.dev/play/p/qpv2eHwR_HY

```
    s1 := store()
    s2 := store()
    fmt.Printf("s1: %d, s2: %d\n", s1(1), s2(2)) // s1: 1, s2: 2
    fmt.Printf("s1: %d, s2: %d\n", s1(1), s2(2)) // s1: 2, s2: 4
    fmt.Printf("s1: %d, s2: %d\n", s1(1), s2(2)) // s1: 3, s2: 6
}
```

037 고루틴 이용 시 익명 함수에서 외부 함수의 참조 피하기

익명 함수를 다른 **고루틴**goroutine에서 실행할 때는 익명 함수 외에 변경 가능mutable한 변수 참조를 피하는 것이 좋다. 다른 고루틴이 어떤 시점에 시작되는지 모르므로 변수가 예상하지 못한 값을 가질 가능성이 있다. 익명 함수의 인수로 변수의 값을 받거나 새롭게 변수를 선언해서 특정 시점의 값과 연동하는 것이 좋다.

코드 9.3[113]은 for 루프에서 루프 횟수만큼 익명 함수를 다른 고루틴에서 실행하는 코드다. 3회 루프를 선언하고 있으며 반복마다 다음과 같은 구현 의도가 있다.

- 익명 함수에서 직접 루프 변수 i를 참조하는 루프
- 익명 함수의 인수로 루프 변수 j를 받는 루프
- 루프 실행 시마다 루프 변수 k의 값을 연동하는 새로운 변수 k를 만드는 루프

이 중에서 변수 i를 사용한 루프는 의도한 대로 실행되지 않는다. 다른 고루틴에서 실행하는 익명 함수가 변수 i를 참조하는 시점에서는 변수 i는 이미 루프를 빠져나간 후로 5인 상태이기 때문이다.[114] 변수 j의 루프는 고루틴을 실행하는 시점에 익명 함수의 인수로 값을 전달하므로 예상한 대로 실행된다. 변수 k를 사용한 루프에서는 반복 시마다 새로운 변수 k에 루프 변수 k를 연동하므로 이것도 예상한 대로 실행된다.[115]

또한, 다른 함수로 정의하면 루프 내부의 로직만 대상으로 테스트를 작성할 수 있다. 익명 함수를 사용하지 않고 다른 함수를 만드는 방법도 검토하는 것이 좋다.

---

113 https://go.dev/play/p/187wEPglMfj
114 《The Go Programming Language》의 5.6절 '익명 함수'를 참고하자.
115 특정 로컬 선언이 다른 로컬 선언을 은폐할 수 있다(《The Go Programming Language》의 2.7절 '범위'를 참고하자.).

코드 9.3 **고루틴과 변수 참조**

```go
package main

import (
  "fmt"
  "sync"
)

func main() {
  var wg sync.WaitGroup
  for i := 0; i < 5; i++ {
    wg.Add(1)
    go func() {
      // 대부분 "i: 5"가 5회 출력된다.
      fmt.Printf("i: %d\n", i)
      wg.Done()
    }()
  }
  wg.Wait()
  for j := 0; j < 5; j++ {
    wg.Add(1)
    go func(j int) {
      // 0부터 4까지 출력된다.
      fmt.Printf("j: %d\n", j)
      wg.Done()
    }(j)
  }
  wg.Wait()
  for k := 0; k < 5; k++ {
    k := k
    wg.Add(1)
    go func() {
      // 0부터 4까지 출력된다.
      fmt.Printf("k: %d\n", k)
      wg.Done()
    }()
  }
  wg.Wait()
}
```

10

환경 변수 적용 방법

Web Application Development
in Go Programming Language

환경 변수를 읽는 처리는 시스템 콜을 호출하는 처리이므로 실행 시에 성능에 영향을 준다. 또한, 클라우드 네이티브 애플리케이션에서는 환경 변수를 바꿀 때에는 배포한 후 인스턴스 단위로 변경하는 접근법을 취하므로 보통 애플리케이션이 실행된 후에 환경 변수가 바뀌는 경우는 없다.

성능에 주는 영향을 줄이기 위해 HTTP 요청을 받을 때마다 환경 변수를 읽는 것이 아니라 애플리케이션 실행 시에 환경 변수를 읽도록 구현해야 한다.

038 Go에서의 환경 변수 처리

Go 프로그램에서는 환경 변수를 어떻게 처리해야 할까? Go에서는 표준 라이브러리인 os 패키지의 os.Getenv 함수[116]와 os.LookupEnv 함수[117]를 사용하므로 특정 환경 변수의 값을 읽을 수 있다.

코드 10.1 os.Getenv 함수와 os.LookupEnv 함수의 정의

```
func Getenv(key string) string
func LookupEnv(key string) (string, bool)
```

● os.Getenv 함수

os.Getenv 함수는 이름에서도 알 수 있듯이 key로 지정한 환경 변수의 값을 가져온다. 지정한 환경 변수가 없으면 빈 문자열이 반환되므로 환경 변숫값을 빈 문자열로 설정한 경우와는 구분할 수 없다는 문제가 있다.

● os.LookupEnv 함수

os.Getenv 함수에서는 판단할 수 없었던 환경 변수의 존재 여부를 알 수 있게 해주는 것이 os.LookupEnv 함수이다. 코드 10.1에 있는 것처럼 os.LookupEnv 함수는 두 번째 반환값으로 bool을 반환한다. 이 bool에 의해 환경 변수 존재 유무를 알 수 있다.

환경 변수에서 DEBUG 플래그 등을 정의할 때는 os.Getenv 함수가 아닌 os.LookupEnv 함수를 사용해야 한다.

---

[116] https://pkg.go.dev/os#Getenv
[117] https://pkg.go.dev/os#LookupEnv

● 외부 라이브러리

웹 애플리케이션을 개발할 때에 데이터베이스 접속 정보, SaaS 접속을 위한 비밀 정보 등 여러 환경 변수 정보를 사용하게 된다.

os 패키지만 사용해서 환경 변수를 처리하면 환경 변수가 늘 때마다 os.Getenv 함수를 호출해서 변수에 값을 설정할 필요가 있다. 또한, os 패키지에서 가져온 환경 변숫값은 string 타입이므로 슬라이스나 수치형으로 사용하고 싶을 때는 변수마다 변환 처리를 작성할 필요가 있다.

이런 처리를 단순화시켜주는 외부 라이브러리도 있으니 고려하도록 하자. github.com/caarlo0/env 패키지는 환경 변수를 처리하기 위한 외부 라이브러리다. 표준 패키지와 비교해 다음과 같은 장점이 있다.

- Parse 함수를 한 번만 사용해서 여러 환경 변수를 읽을 수 있다.
- 구조체에 tags해서 환경 변수와 필드를 연결할 수 있다.
- string 타입 외에 다른 타입을 사용해서 읽을 수 있다.
- 기본값을 설정할 수 있다.
- 환경 변수 미설정인 경우에 error를 반환할 수 있다.

필자는 CI 툴을 작성할 때에 표준 패키지만으로 끝내는 경우가 많지만, 웹 애플리케이션을 작성할 때는 외부 라이브러리를 많이 사용한다.

코드 10.2는 github.com/caarlos0/env 패키지를 사용한 예제 코드다.

코드 10.2 github.com/caarlos0/env/ 패키지를 사용해 환경 변수 읽기

```
package config

import (
  "github.com/caarlos0/env/"
)

type Config struct {
```

```go
    Env   string `env:"TODO_ENV" envDefault:"dev"`
    Port int     `env:"PORT" envDefault:"80"`
}

func New() (*Config, error) {
  cfg := &Config{}
  if err := env.Parse(cfg); err != nil {
    return nil, err
  }
  return cfg, nil
}
```

코드 설명은 13장부터 시작되는 웹 애플리케이션 실습에서 다루도록 한다.

039 환경 변수 관련 테스트

Go 1.17부터 **t.Setenv** 메서드가 추가됐다.[118] 이 메서드를 테스트 케이스 내에서 호출하면, 해당 테스트가 실행되는 동안만 환경 변수가 설정된 상태로 만들 수 있다. 또한, 테스트 케이스 실행 후는 환경 변수가 테스트 케이스 실행 전의 상태로 복원된다. 즉, 테스트 케이스 실행 전에 다른 값으로 설정돼 있다면 해당 값으로 복원된다.

단, **t.Setenv** 메서드는 **t.Parallel** 메서드와 함께 사용할 수 없다. 다른 테스트 케이스에 부작용을 끼칠 수 있기 때문이다. 따라서 환경 변수를 처리하는 패키지의 테스트는 하나의 테스트 케이스로 모두 모아서 하는 것이 좋다.

코드 10.3 **t.Setenv** 메서드를 사용한 환경 변수 테스트

```
package config

import (
  "fmt"
  "testing"
)

func TestNew(t *testing.T) {
  wantPort := 3333
  t.Setenv("PORT", fmt.Sprint(wantPort))

  got, err := New()
  if err != nil {
    t.Fatalf("cannot create config: %v", err)
  }
  if got.Port != wantPort {
    t.Errorf("want %d, but %d", wantPort, got.Port)
  }
  wantEnv := "dev"
```

---

118 https://pkg.go.dev/testing#T.Setenv

```
  if got.Env != wantEnv {
    t.Errorf("want %s, but %s", wantEnv, got.Env)
  }
}
```

11

Go와 의존성 주입

Web Application Development
in Go Programming Language

이번 장에서는 Go의 의존성 주입에 대해 설명한다.

040 의존관계 역전 원칙

문제를 작은 단위로 분할해서 해결책을 찾아내는 것은 소프트웨어 엔지니어링의 기본적인 접근법 중 하나다. 여기서 주요한 것은 이렇게 분할한 문제들 간에 연결 고리를 약하게 하는 것이다(약한 결합). 각 문제의 의존 관계를 제거하면 분할한 작은 문제들을 개별적으로 생각하거나 다른 사람에게 분담해서 병렬로 문제를 해결할 수 있다. 그리고 상위 개념의 문제를 하위 개념의 문제와 독립해서 해결하기 위한 방법으로, SOLID 원칙 중 하나인 **의존관계 역전 원칙**dependency inversion principle, DIP이 있다. 《클린 소프트웨어》에서는 다음과 같이 정의한다.

> 상위 수준의 모듈은 하위 수준의 모듈에 의존해서는 안 된다. 둘 모두 추상화에 의존해야 한다. 추상은 상세 구현에 의존해서는 안 된다. 상세 구현이 추상에 의존해야 한다.

확장성이나 유지관리 효율이 높은 소프트웨어를 실현해주는 핵심은 구조화와 적절한 경계 정의다. 대상을 타입 또는 패키지로 구조화하고 각각의 경계를 약한 결합으로 만들어서 유연한 설계를 실현할 수 있다. 의존 관계 역행의 원칙을 활용하므로 타입 또는 패키지 간 약한 결합을 만들 수 있다.

Go는 **구체형 타입**concrete type으로 선언해서 구현하는 인터페이스를 명시적으로 기술하지 않는 암묵적 인터페이스 구현만 지원한다. 따라서 상세 구현을 사용하는 측이 인터페이스를 정의한다. 반대로 말하면 상세 구현 측은 인터페이스 정의를 참조하 필요가 없는 상태다(자신이 어떻게 추상화돼서 사용되는지 모르는 상태). 하지만 Go 안에서도 특정 인터페이스를 경유해서 사용되는 것을 고려한 구현(추상에 의존한 구현)이 존재한다. 예를 들어 다음 절에서 살펴볼 `database/sql/driver` 패키지의 인터페이스와 각 데이터베이스 드라이버 패키지의 구현이 이에 해당한다.

041 database/sql/driver 패키지와 DIP

Go의 표준 패키지 중에서는 database/sql/driver 패키지가 DIP을 이용한 전형적인 설계를 취하고 있다. 보통은 Go에서 MySQL 등이 RDBMS을 처리할 때는 database/sql 패키지를 통해서 한다. database/sql 패키지에는 상용 DB 및 오픈소스 DB의 개별 사양에 대응하는 구체적인 구현은 포함돼 있지 않다.

그렇다면 어떻게 MySQL이나 PostgreSQL를 처리하는 것일까? 코드 11.1과 같이 각 RDBMS에 대응하는 드라이버 패키지를 임포트하면 된다. 이를 통해 github.com/go-sql-driver/mysql 패키지가 초기화돼서 SQL 드라이버가 등록된다.

github.com/go-sql-driver/mysql 같은 드라이버 패키지는 database/sql/driver. Driver 인터페이스 등을 구현한다.

코드 11.1 Go에서 MySQL를 처리하기 위한 import 문

```
import (
  "database/sql"
  _ "github.com/go-sql-driver/mysql"
)
```

이것은 RDBMS별 상세 구현이 상위 개념에서 제공하는 인터페이스에 의존하는 상태다. (가능성이 거의 없지만) 만약 database/sql/driver 패키지의 인터페이스가 변경된 경우 모든 드라이버 패키지가 인터페이스 변경을 요구하게 된다.

이 외에도 웹 애플리케이션의 각 미들웨어는 net/http 패키지의 http/handlerFunc 타입[119]에 맞추어 구현돼 있다. 이것도 DIP를 따른 설계 방침이다.

---

[119] https://pkg.go.dev/net/http#HandlerFunc

이렇게 하위 상세 구현이 상위 개념(database/sql/driver 패키지)의 추상에 의존하는 관계를 의존관계 역전 원칙이라고 한다.

042 DIP에 준하는 구현

Go에서 DIP에 준해서 구현하는 경우 **의존성 주입**dependency injection, DI[120]이 사용된다. 몇 가지 주입 방법을 보도록 하겠다.

● 의존성 주입

의존성 주입은 DIP를 실시하기 위한 일반적인 수단이다. 자바나 C# 등에는 클래스의 필드 정의에 애너테이션annotation을 붙여서 객체(하위 모듈의 상세)를 주입해주는 구조가 프레임워크에 자체에 존재한다.

Go에서는 인터페이스에서 추상을 정의하고 초기화 시에 구체적인 상세 구현의 상세 객체를 설정하는 것이 대부분이다. 대표적인 의존성 주입 구현으로 다음과 같은 패턴이 있다.

- 객체 초기화 시에 의존성 주입하는 방법
- setter를 준비해서 의존성 주입하는 방법
- 메서드(함수) 호출 시에 의존성 주입하는 방법

코드 11.2는 다른 언어에서 사용하는 생성자 주입constructor injection, CI이라는 기법이다. 상위 계층의 객체를 초기화할 때에 DI를 실행한다. 이것만 기억해둬도 많은 도움이 될 것이다.

코드 11.2 객체 초기화 시에 DI하는 방법

```
// 상세 구현
type ServiceImpl struct{}
```

---

120 https://ko.wikipedia.org/wiki/의존성_주입

```
func (s *ServiceImpl) Apply(id int) error { return nil }

// 상위 계층이 정의하는 추상
type OrderService interface {
  Apply(int) error
}

// 상위 계층 사용자측 타입
type Application struct {
  os OrderService
}

// 다른 언어의 생성자 주입에 해당하는 구현
func NewApplication(os OrderService) *Application {
  return &Application{os: os}
}
func (app *Application) Apply(id int) error {
  return app.os.Apply(id)
}

func main() {
  app := NewApplication(&ServiceImpl{})
  app.Apply(19)
}
```

코드 11.3은 setter 메서드를 사용해서 초기화와 실제 처리 사이에 의존성을 주입하는
방법이다.

코드 11.3 setter를 준비해서 DI하는 방법

```
func (app *Application) Apply(id int) error {
  return app.os.Apply(id)
}


func (app *Application) SetService(os OrderService) {
  app.os = os
}


func main() {
```

```
  app := &Application{}
  app.Set(&ServiceImpl{})
  app.Apply(19)
}
```

코드 11.4는 메서드(함수)의 인수로 의존을 전달하는 방법이다. 상위 계층의 객체 주기와 상세 구현의 객체 생성 시점이 다를 때는 이 기법을 사용한다.

코드 11.4 메서드(함수) 호출 시에 DI하는 방법

```
func (app *Application) Apply(os OrderService, id int) error {
  return os.Apply(id)
}

func main() {
  app := &Application{}
  app.Apply(&ServiceImpl{}, 19)
}
```

이상의 의존성 주입 기법들은 다른 언어에서도 볼 수 있는 것들이다. 이 밖에도 Go에서는 다음에 나오는 구현을 통해 DIP를 충족할 수 있다.

● 내장형을 이용한 DIP

Go는 구조체 안에 다른 구조체나 인터페이스를 내장할 수 있다. 인터페이스를 내장하므로 추상에 의존한 타입을 정의할 수 있다. 인터페이스의 메서드가 호출될 때까지 구현에 의존을 주입하므로 상세 구현이 호출된다. 테스트 코드의 구조체에서 구현을 목 mock으로 변경해야 하는 경우 자주 사용한다.

코드 11.5 내장을 이용해서 의존성 주입하는 방법

```
type OrderService interface {
  Apply(int) error
}

type ServiceImpl struct{}
```

```
func (s *ServiceImpl) Apply(id int) error { return nil }

type Application struct {
  OrderService // 내장 인터페이스
}

func (app *Application) Run(id int) error {
  return app.Apply(id)
}

func main() {
  // 초기화 시의 선언은 객체 초기화 시에 DI하는 방법과 같다.
  app := &Application{OrderService: &ServiceImpl{}}
  app.Run(19)
}
```

● 인터페이스를 사용하지 않는 DIP

DIP에서는 클래스의 부모 자식 관계나 인터페이스의 상속 관계를 자주 사용한다. 하지만 구조체를 정의하지 않고 함수형만 사용해서도 이를 실현할 수 있다.

코드 11.6은 Application 구조체 func(int) error 타입의 Apply 필드를 정의한다. Apply 필드는 구현에 의존하지 않는 추상이다. Apply 필드에 함수의 구현을 주입하므로 DIP를 실현하고 있다.

코드 11.6 함수형을 이용한 DI

```
func CutomApply(id int) error { return nil }

type Application struct {
  Apply func(int) error
}

func (app *Application) Run(id int) error {
  return app.Apply(id)
}

func main() {
  app := &Application{Apply: CutomApply}
```

```
    app.Run(19)
}
```

● 오픈소스 툴이나 프레임워크를 사용한 DIP

Go는 단순함이 언어가 지향하는 목표[121]이므로 (소스 코드에 작성된 이상의 처리를 뒤에서 실행하는) 고도의 DI 툴은 잘 사용되지 않는 듯 보인다. DI용 코드를 자동 생성하는 `google/wire` 프레임워크[122]도 존재하지만 생성자 주입용 코드를 자동 생성하는 것이 전부다.

의존관계 역전 원칙과 Go

DIP을 사용하므로 패키지 간, 구조체 간 결합도를 줄일 수 있다. 단, 너무 과도한 추상화는 소스 코드의 가독성을 떨어뜨리거나 반복적 작업을 유도할 수도 있다. 다른 언어에서 DI 툴이 유용하게 사용되는 이유는 다음과 같다.

- DLL 파일이나 Jar 파일로부터 실행 시에 동적으로 클래스를 불러올 수 있다.
- 프레임워크나 UI에 의존한 구현을 피할 수 있다.

---

[121] https://eh-career.com/engineerhub/entry/2018/06/19/110000
[122] https://github.com/google/wire

043 과도한 추상화 (인터페이스 활용) 주의

데이터베이스에 의존하고 싶지 않은 경우 등에는 DI의 용법 및 사용 빈도 등을 적절히 지켜가며 사용해야 한다. 특히 인터페이스를 사용한 과도한 추상화에 주의해야 한다. Go는 암묵적 인터페이스 구현을 채택한다. 자바나 PHP에서 하는 것처럼 implements 를 사용해 구체형에 인터페이스명을 기재할 수 없다. 따라서 다음과 같은 정보를 얻으려면 IDE 등의 도움이 필요하다.

- 구조체가 어떤 인터페이스를 상속하는가
- 인터페이스를 상속하고 있는 구조체가 얼만큼 의존하는가

현실적인 해법 중 하나로 구조체(상세 구현)가 특정 인터페이스를 구현하고 있는지 컴파일러를 통해 확인하는 방법이 있다.[123] 코드 11.7은 Knight 타입이 Jedi 인터페이스를 충족하는지 컴파일 시에 검증한다. 이런 해법이 있긴 하지만 과도한 추상화를 하지 않도록 주의하는 것이 좋다.

코드 11.7 **컴파일러를 사용한 구현 확인**

```go
type Jedi interface {
  HasForce() bool
}

type Knight struct {}

// 이 상태에서는 컴파일 오류가 발생하므로 구현이 불충분하다는 것을 알 수 있다.
var _ Jedi = (*Knight)(nil)
```

---

123 https://go.dev/doc/effective_go#blank_implements

12

미들웨어 패턴

Web Application Development in Go Programming Language

여러 엔드포인트를 작성하다 보면 동일한 처리를 반복적으로 사용하는 경우가 있다. 또한, 관측 가능성observability 툴 대응이나 접속 로그 출력 등 투과적으로 접근해야 하는 처리도 있다.

이런 공통 처리를 작성하는 패턴으로 미들웨어 패턴이 있다. Go의 HTTP 서버에서도 미들웨어 패턴이 폭넓게 사용된다.

044 미들웨어를 만드는 법

Go로 애플리케이션이나 라이브러리를 설계하고 구현할 때는 표준 패키지의 시그니처나 인터페이스에 맞추어 구현할 때가 많다. 미들웨어 패턴을 구현할 때도 마찬가지다.

Go의 미들웨어 패턴에서는 코드 12.1의 시그니처를 충족하도록 구현하는 것이 일반적이다.

코드 12.1 GO의 일반적인 미들웨어 패턴

```
import "net/http"

func(h http.Handler) http.Handler
```

이런 시그니처는 다음과 같은 이유로 재사용하기 좋다.

- `http.Handler` 인터페이스를 충족하는 HTTP 핸들러 구현에 적용할 수 있다.
- 같은 패턴의 미들웨어 구현을 중복해서 호출하므로 여러 미들웨어를 적용할 수 있다.

구현할 때에는 코드 12.2같은 함수를 반환하는 함수를 만든다. 이 미들웨어에서는 인수로 받은 HTTP 핸들러 h를 호출하기 전후에 시간 정보를 얻어서 실행 시간을 출력하고 있다.

이런 미들웨어 패턴에서는 HTTP 핸들러 전후에 별도 처리를 추가할 수 있다. 또한, 처리 전의 HTTP 요청 헤더에 추가 정보를 부여할 수도 있다.

코드 12.2 미들웨어 패턴 구현

```
import (
  "log"
  "net/http"
  "time"
```

```
)

func MyMiddleware(h http.Handler) http.Handler {
  return http.HandlerFunc(func(w http.ResponseWriter, r *http.Request) {
    s := time.Now()
    h.ServeHTTP(w, r)
    d := time.Now().Sub(s).Milliseconds()
    log.Printf("end %s(%d ms)\n", t.Format(time.RFC3339), d)
  })
}
```

● 추가 정보를 사용한 미들웨어 패턴 구현

XXX 타입값 또는 애플리케이션 실행 시에 생성한 값을 이용해 미들웨어를 구현하고 싶지만, 미들웨어 패턴의 시그니처를 따르면 XXX 타입값을 인수로 전달할 수 없는 경우도 있다. 이럴 때는 미들웨어 패턴을 반환하는 함수를 구현하면 된다.

코드를 보면 이해하기 쉬울 것이다. 예를 들어 애플리케이션 버전을 HTTP 헤더에 포함시키는 미들웨어는 코드 12.3과 같이 정의한다.

코드 12.3 **미들웨어 패턴을 반환한다**

```
import "net/http"

// VersionAdder 함수는 다음과 같이 사용할 수 있는 미들웨어 함수를 반환한다.
// vmw := VersionAdder("1.0.1")
// http.Handle("/users", vmw(userHandler))
func VersionAdder(v AppVersion) func(http.Handler) http.Handler {
  return func(next http.Handler) http.Handler {
    return http.HandlerFunc(func(w http.ResponseWriter, r *http.Request) {
      r.Header.Add("App-Version", v)
      next.ServeHTTP(w, r)
    })
  }
}
```

045 복원 미들웨어

아무리 테스트를 작성하더라도 배열 처리 등에서 panic을 발생시킬 가능성을 제로로 만들 수 없다. 요청 처리 중에 발생한 panic을 다루는 것은 모든 핸들러가 구현해야 하는 것으로 미들웨어 패턴을 사용하는 경우가 많다. Go의 웹서버 구현은 대부분 요청마다 독립된 고루틴으로 처리하며 panic이 발생해도 요청 단위로 복원된다. 따라서 특정 고루틴에서 발생한 panic에 의해 서버가 이상 종료되는 경우는 없다. 하지만 이상 상태의 오류 응답이나 구조는 애플리케이션을 개발하는 조직에 따라 다른 사양을 사용한다.

코드 12.4는 JSON 응답 바디에 panic 정보를 포함한 응답을 반환하는 **복원 미들웨어** recovery middleware 구현 예다. defer 문에서 panic이 발생한 경우 recover 함수를 사용해 그 내용을 JSON에 포함시켜 응답하도록 정의한다. defer 문을 선언한 후에 next 타입값의 ServeHTTP 메서드를 호출하고 있으므로 요청 처리 중에 panic이 발생한 경우 이 미들웨어에 의해 오류 응답이 반환된다.

코드 12.4 복원 미들웨어 구현 예

```
import (
  "encoding/json"
  "fmt"
  "net/http"
)

func RecoveryMiddleware(next http.Handler) http.Handler {
  return http.HandlerFunc(func(w http.ResponseWriter, r *http.Request) {
    defer func() {
      if r := recover(); err != nil {
        jsonBody, _ := json.Marshal(map[string]string{
          "error": fmt.Sprintf("%v", err),
        }))
```

```
            w.Header().Set("Content-Type", "application/json")
        w.WriteHeader(http.StatusInternalServerError)
        w.Write(jsonBody)
      }
    }()
    next.ServeHTTP(w, r)
  })
}
```

046 접속 로그 미들웨어

New Relic[124]이나 Datadog[125] 등의 SaaS를 사용하고 있다면 불필요하지만, 자체 미들 웨어를 작성해서 로그에 요청 처리 개요를 기록하는 방법도 있다. 예를 들어 다음과 같은 데이터를 로그에 출력할 수도 있다.

- 요청 처리 시작 시간
- 처리 시간
- 응답 상태 코드
- HTTP 메서드 및 패스path
- 쿼리 파라미터 및 헤더 정보

요청 바디나 응답 바디까지 로그에 남겨야 할 때는 다른 방법이 필요하다. 다음 절에서 알아보자.

---

124 https://newrelic.com/
125 https://www.datadoghq.com/

047 요청 바디를 로그에 남기는 미들웨어

Go의 HTTP 요청(*http.Request) 바디는 스트림 데이터 구조로 한 번 밖에 읽을 수 없다. 따라서 미들웨어 구현 내에서 **요청 바디**request body를 읽으면 후속 미들웨어나 HTTP 핸들러 처리 내에서 요청을 읽을 수 없게 된다. 만약 요청 바디 내용을 사용한 미들웨어를 만드는 경우는 사전에 별도의 버퍼에 요청 바디를 복사하는 등 추가적인 처리가 필요하다.

코드 12.5는 요청 바디를 로그에 남기는 미들웨어 구현이다. 요청 바디를 읽은 후에는 후속 핸들러에서 다시 요청 바디를 읽더라도 문제가 없도록 *http.Request.Body를 재설정하고 있다. io.NopCloser 함수는 Close 메서드 구현을 충족시켜야 할 때 유용한 함수다. *bytes.Buffer 타입값에는 Close 메서드가 없지만, io.NopCloser 함수로 래핑해서 Close 메서드를 부여할 수 있다.

코드 12.5 **요청 바디를 저장하는 미들웨어 구현 예**

```
import (
  "bytes"
  "io"
  "log"
  "net/http"
  "go.uber.org/zap"
)

func RequestBodyLogMiddleware(next http.Handler) http.Handler {
  return http.HandlerFunc(func(w http.ResponseWriter, r *http.Request) {
    body, err := io.ReadAll(r.Body)
    if err != nil {
      log.Printf("Failed to log request body", zap.Error(err))
      http.Error(w, "Failed to get request body", http.StatusBadRequest)
    return
    }
    defer r.Body.Close()
```

```
    r.Body = io.NopCloser(bytes.NewBuffer(body))
    next.ServeHTTP(w, r)
  })
}
```

이런 식으로 구현하는 것은 성능에 영향을 주므로 주의해야 한다. 엔드포인트 처리 시작 전에 모든 요청 바디를 별도의 버퍼에 복사한다는 것은, 원래는 스트림으로 처리할 수 있더라도 미들웨어 처리 부분에서 요청을 받아서 끝내야 한다는 것을 의미한다. 또한, 미들웨어 구현은 적용한 엔드포인트가 실행될 때마다 반드시 실행된다는 문제가 있다.

요청 바디를 매번 복사하는 미들웨어를 사용할 때는 미들웨어 적용 전후로 성능에 영향이 없는지 메트릭을 확인하도록 하자. 단순 계산하면 평소보다 두 배 이상의 메모리가 필요하므로 이미지 등의 BLOB을 포함한 요청을 처리할 때는 주의하도록 하자.

048 상태 코드 및 응답 바디를 저장하는 미들웨어

http.Handler 타입의 시그니처로 응답을 나타내는 http.ResponseWriter 인터페이스는 읽기 관련 메서드를 가지고 있지 않다. 따라서 그대로 사용하면 **응답 바디**response body나 **상태 코드**status code를 이용할 수 없다. 이 정보들을 로그에 출력하려면 래퍼 구조체를 준비해야 한다.

코드 12.6은 응답 내용을 후킹hooking하는 함수다. 후속 미들웨어, HTTP 핸들러에 전달할 http.ResponseWriter 타입값을 래핑하므로 응답 결과를 접속 로그 미들웨어에서 확인할 수 있다.

코드 12.6 로그 미들웨어 구현 예

```
type rwWrapper struct {
  rw http.ResponseWriter
  mw io.Writer
  status int
}

func NewRwWrapper(rw http.ResponseWriter, buf io.Writer) *rwWrapper {
  return &rwWrapper{
    rw: rw,
    mw: io.MultiWriter(rw, buf),
  }
}

func (r *rwWrapper) Header() http.Header {
  return r.rw.Header()
}

func (r *rwWrapper) Write(i []byte) (int, error) {
  if r.status == 0 {
    r.status = http.StatusOK
  }
```

```
    return r.mw.Write(i)
}

func (r *rwWrapper) WriteHeader(statusCode int) {
  r.status = statusCode
  r.rw.WriteHeader(statusCode)
}
func NewLogger(l *log.Logger) func(http.Handler) http.Handler {
  return func(next http.Handler) http.Handler {
    return http.HandlerFunc(func(w http.ResponseWriter, r *http.Request) {
      buf := &bytes.Buffer{}
      rww := NewRwWrapper(w, buf)
      next.ServeHTTP(rww, r)
      l.Printf("%s", buf)
      l.Printf("%d", rww.status)
    })
  }
}
```

http.ResponseWriter 인터페이스에서 얻을 수 없는 상태 코드나 요청 바디 내용을 로그에 저장할 수 있게 된다.

> **COLUMN** 요청 바디나 응답 바디를 로그에 기록한다는 것
>
> 요청이나 응답 바디 내용을 남길 때는 해당 엔드포인트가 전송할 수 있는 데이터에 기밀 정보가 포함돼 있지 않은지 충분히 검증할 필요가 있다.
>
> 로그는 대부분 클라우드 서비스에 전송된다. 사용자를 등록하는 엔드포인트 요청에는 개인 정보가 포함될 수 있으며 응답에는 패스워드가 포함될 가능성도 있다. 이런 정보들이 순수한 텍스트로 로그 보관 위치에 저장되는 것은 매우 위험하다. 요청 바디나 응답 바디를 로그에 남길 때는 성능 외에도 정보 관리 측면에서도 주의를 기울여야 한다.

049 context.Context 타입값에 정보를 부여하는 미들웨어

미들웨어에서는 *http.Request 타입값도 처리할 수 있다. *http.Request 타입값의 WithContext 메서드나 Clone 메서드를 사용하면 context.Context 타입값에 정보를 부여할 수도 있다. *http.Request 타입값이 Context 메서드를 통해 얻을 수 있는 context.Context 타입값을 함수 호출 시에 전달하도록 설계하면 애플리케이션의 각 구현에서 미들웨어를 사용해 context.Context 타입값에 부여된 정보를 사용할 수 있다. context.Context 타입값에는 일반적인 값뿐만 아니라 객체도 저장할 수 있다.

이 기법을 이용하면 다음과 같은 아이디어도 실현할 수 있다.

- 애플리케이션 버전 정보 등을 포함시키기
- 사전 정의된 Logger 타입값을 재사용하기

20장에서 액세스 토큰에서 얻은 사용자 ID나 권한 정보를 context.Context 타입값에 부여하는 미들웨어를 구현해본다.

050 웹 애플리케이션 자체의 미들웨어 패턴

웹 애플리케이션 프레임워크에 따라 엔드포인트를 구현할 때의 시그니처가 `http.Handler` 인터페이스와 다르다. 이때는 자체 미들웨어 패턴이 정의돼 있거나 표준 패키지만 사용하는 미들웨어 패턴을 래핑하는 구조가 준비돼 있다.

예를 들어 유명한 웹 애플리케이션 프레임워크 중 하나인 `github.com/labstack/echo` 라이브러리에는 미들웨어 패턴용으로 `type MiddlewareFunc func(echo.HandlerFunc) echo.HandlerFunc`[126]라는 타입이 정의돼 있다. `MiddlewareFunc` 타입 인수와 반환값은 표준 패키지인 `HandlerFunc`과 다르므로 지금까지 소개한 미들웨어 구현을 그대로 사용할 수 없다. 단, `func WrapMiddleware(m func(http.Handler)` 함수[127]는 래퍼가 준비돼 있으므로, 표준 패키지용으로 작성한 것을 사용할 수 있다.

웹 애플리케이션 프레임워크는 아니지만 필자가 자주 사용하는 `github.com/gorilla/mux`라는 라우트_route 라이브러리에는 `type MiddlewareFunc func(http.Hanlder) http.Handler`[128]라는 Defined type이 정의돼 있다. `mux.MiddlewareFunc` 타입은 표준 패키지를 사용하는 미들웨어 패턴과 시그니처가 같으므로 특별히 의식하지 않고서도 범용적인 미들웨어 구현을 사용할 수 있다.

---

126 https://pkg.go.dev/github.com/gorilla/mux#MiddlewareFunc
127 https://pkg.go.dev/github.com/labstack/echo/v4#MiddlewareFunc
128 https://pkg.go.dev/github.com/labstack/echo/v4#WrapMiddleware

13

실습 내용에 대해

Web Application Development in Go Programming Language

지금까지 웹 애플리케이션 개발 시에 필요한 사전 지식으로 Go 설계 이념과 알면 편리한 표준 패키지 기능에 대해 소개했다. 이번 장부터는 간단한 웹서버 실행 코드부터 시작해서 테스트 코드 작성, 단계적 기능 추가 등을 반복하면서 업무에 실제로 적용할 수 있는 API 서버를 구축해본다.

실제 코드 구현 및 설명에 들어가기 전에 이번 장 이후의 구성과 그 의도에 대해 설명한다. 또한, 이번에 구현할 웹 애플리케이션 전반적인 기능과 시스템 구성에 대해서도 명확하게 짚고 넘어가겠다.

051 실습 진행 방식

이 책의 실습은 다음과 같은 방식으로 진행한다.

● 왜 그렇게 되는지 이해하면서 진행하기

오픈소스 코드를 읽거나 방대한 코드로 구성된 기존 제품 개발에 참여하거나, 또는 팀 개발 중에 다른 사람의 코드를 리뷰하는 경우가 있을 것이다. 그리고 코드가 개발된 과정을 알지 못하고 코드를 보면, '왜 이렇게 작성한 거지?'라는 의문이 들 때가 있을 것이다. 이런 상황은 이 책 같은 IT 서적에서도 발생한다. 특정 문제나 요구 사항에 대해 '이런 코드를 작성하면 해결할 수 있다'하고 정답 예나 실제 패턴을 보여주면 아주 이해하기 쉽다.

하지만 왜 그런 접근법을 사용할 필요가 있는지 이해하지 않고 진행하면 '더 쉽게 작성할 수 있잖아', '우리 제품에는 애당초 그런 것이 필요 없어 보여'라고 독자가 느낄 수도 있다.

그래서 이 책에서는 일부로 최소한의 기능만 가진 (또는 유지관리를 고려하지 않은) 코드를 작성하도록 한다. 실무에서는 갑자기 완성형 코드를 작성할 수도 있지만, 일부러 요건을 최소한으로 해서 이를 만족하는 코드를 작성하면 문제점을 쉽게 확인할 수 있다. 그리고 이를 해결하기 위한 코드를 점진적 반복 구현을 통해 개선한다.

● 테스트를 작성하면서 구현 진행하기

프로덕션 환경에서 실행되는 코드의 구현 방법과 테스트 코드 작성법을 장을 나누어 구성할까 생각했다. 하지만 좋은 코드는 테스트가 가능한 코드이다. 테스트 작성이 어려운 코드는 구현 코드를 다시 작성해야 될 뿐만 아니라, 높은 결합도를 가진 낮은 품

질의 코드가 될 수도 있다. 테스트 코드를 작성하려고 하면서 처음 알게 되는 나쁜 설계도 존재한다. 하지만 테스트 코드를 먼저 작성하는 테스트 주도 개발에 익숙하지 않으면 어려움을 겪을 수도 있다.

따라서 여기서는 다음과 같은 흐름으로 구현하도록 한다.

- 프로덕션 코드를 구현한다.
- 프로덕션 코드의 테스트 코드를 작성한다.
- 테스트 코드로부터 API를 실행할 때 발생하는 문제점을 찾는다.
- 문제점을 참고로 리팩터링한다.

요즘에는 테스트 코드 작성에 반론이 있는 사람은 없을 것이다. 테스트 코드 작성에 다음과 같은 이점이 있다.

- API 사용의 편리성을 최초 사용자로서 확인할 수 있다.
- 코드 수정, 변경에 의한 의도하지 않은 부작용 발생 유무를 확인할 수 있다.

개발할 웹 애플리케이션 개요

실제로 코드 작성을 시작하기 전에 개발한 애플리케이션의 기능과 시스템 구성을 소개하도록 하겠다. 이 웹 애플리케이션은 인증 기능이 있는 ToDo 태스크(할 일 목록)를 관리하는 API 서버다. 최종적으로는 다음 엔드포인트를 구현한다.

표 13.1 엔드포인트 목록

HTTP 메서드	패스(Path)	개요
POST	/register	신규 사용자를 등록한다.
POST	/login	등록 완료된 사용자 정보로 액세스 토큰을 얻는다.
POST	/tasks	액세스 토큰을 사용해 태스크를 등록한다.
GET	/tasks	액세스 토큰을 사용해 태스크를 열람한다.
GET	/admin	관리자 권한을 가진 사용자만 접속할 수 있다.

● Beyond the Twelve-Factor App에 근거한 웹 애플리케이션 구현

웹 애플리케이션을 구현할 때에는 아무것도 없는 상태에서 설계하는 것이 아니라 요건에 맞는 아키텍처를 선정하고 그 설계 이념에 근거해서 설계 및 구현하는 경우가 많다.

이 책에서는 클라우드 네이티브 웹 애플리케이션의 가장 일반적인 설계 방침인 《Beyond the Twelve-Factor App》[129]을 따라 애플리케이션을 구현한다. **Beyond the Twelve-Factor App**은 Twelve-Factor App[130]의 발전형이다.

무료로 PDF 버전의 자료를 얻어서 학습할 수 있지만 VMware에 메일 주소를 등록해

---

129 https://tanzu.vmware.com/content/blog/beyond-the-twelve-factor-app
130 https://12factor.net/ko/

야 한다. 참고로 O'Reilly Learning 플랫폼을 사용한다면 해당 서비스[131]를 통해서도 자료를 읽을 수 있다.

● 웹 UI에 대해

브라우저를 통해 접속하는 GUI 화면은 만들지 않는다. Go는 백엔드 서비스로 사용하는 것이 대부분이기 때문이다. 실무에서 더 자주 사용하는 기능이나 구현 패턴에 지면을 할애하기 위해서 이 책에서는 웹 UI 작성을 하지 않는다.

> **COLUMN** **Go 프런트엔드 개발에 대해**
> -
>
> Go의 표준 패키지에는 HTML을 출력하기 위한 html/template 패키지도 존재한다. 하지만 이 패키지를 사용해서 사용자 친화적인 웹 UI를 만든 제품을 거의 보지 못했다.
>
> html/template 패키지가 쓸모없다고 말하는 것은 아니지만 자바스크립트 프레임워크를 사용한 프런트엔드 개발과 비교해서 표현력이 빈약하며, CDN content delivery network 등의 웹 전송 기술과도 궁합이 좋지 않다. 자사 멤버가 접속하는 관리자 화면 등에서는 사용될지 모르지만 필자는 사례를 거의 들어본 적이 없다.

● 시스템 구성에 대해

우리가 개발할 애플리케이션은 API 서버에서 자주 사용되는 RDBMS와 인메모리 데이터베이스 구성을 기반으로 한 **REST API**이다.

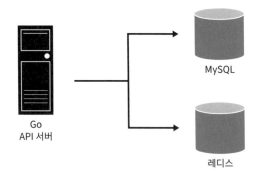

그림 13.1 **웹 애플리케이션을 구성하는 서비스**

---

131 https://www.oreilly.com/library/view/beyond-the-twelve-factor/9781492042631/

2020년대의 API 개발에서는 gRPC,[132] (REST API이긴 하지만) OpenAPI[133]나 그래프 QL_{GraphQL}[134] 사용이 활발히 이루어지지만, 여기서는 간단한 REST API를 소재로 하도록 한다. REST API 개발 지식이나 구현 패턴은 다른 프레임워크를 사용한 백엔드 서버 개발에서도 충분히 사용된다. 예를 들어 미들웨어 패턴은 gRPC 개발에서는 interceptor라는 명칭으로 사용되고 있다. 안정적인 서비스 운영에 필요한 **정상 종료**_{graceful shutdown}나 **지수 백오프**_{exponential backoff} 등의 기법은 어떤 통신 형식을 사용하더라도 필수적으로 필요한 지식이다.

먼저 REST API 개발을 학습하는 것은 다른 통신 형식의 서비스 개발에도 도움이 되기 때문이다.

● 도커를 사용한 컨테이너 애플리케이션 작성

여기서는 컨테이너화를 전제로 설계 및 구현하고 **도커 구성기(도커 컴포즈)**_{Docker Compose}를 사용해 로컬 환경을 만든다. **도커**_{Docker}를 사용하면 도커 자체를 배우기 위한 시간을 필요로 하지만, 다음과 같은 비용을 줄일 수 있다는 이점이 있다.

- 다양한 OS의 환경 차이에 따른 추가 개발 비용[135]
- 로컬 환경에서 RDBMS 등의 미들웨어를 구축하는 비용 간소화

또한, 컨테이너화를 고려하지 않은 애플리케이션 설계를 컨테이너로 이식하는 것은 어렵지만, 반대의 경우는 거의 아무 어려움이 없으므로 처음부터 컨테이너화를 전제로 설명하도록 한다. 이 장의 서두에서도 소개한 Beyond the Twelve-Factor App은 컨테이너화를 의식해서 설계하면 암묵적으로 많은 항목을 준수하게 된다.

---

132 https://grpc.io/
133 https://www.openapis.org/
134 https://graphql.org/
135 실무에서도 개발 멤버 간 로컬과 프로덕션 간의 환경 차이를 흡수해준다.

● 사용 패키지 선정 방침에 대해

실제 업무에서 애플리케이션을 개발할 때 프레임워크나 의존 패키지를 선정할 수 있는 기회는 드물다. 대부분은 사용 중인 기존 시스템의 프레임워크나 기술 팀장 및 개발 책임자가 선정한 프레임워크를 사용해 개발하게 된다.

그래서 이 책에서는 표준 패키지나 표준에 준하는 패키지(golang.org/x 아래에 있는 패키지)를 이용해서 개발하도록 한다. 표준 패키지의 구현이나 인터페이스에 근거한 코드를 작성하므로 Go의 구현 패턴을 배울 수 있고 이를 웹 애플리케이션 프레임워크나 ORM을 사용할 때 적용할 수 있다. 표준 패키지에 없어서 개발해야 하는 비효율적인 기능이나 표준 패키지의 인터페이스를 따르면서 손쉽게 취사선택할 수 있는 패키지에 대해선 효율성을 중시해서 사용하도록 한다.

따라서 여기선 Echo,[136] Gin,[137] Goa[138] 등의 웹 애플리케이션 프레임워크를 사용하지 않는다. Go의 유명한 프레임워크인 `github.com/valyala/fasthttp` 패키지[139]나 이를 기반으로 한 `github.com/gofiber/fiber` 패키지[140]와 같은 예를 배제하고 거의 모든 것을 net/http 패키지를 기반으로 개발한다.

● 개발에 사용하는 서비스 및 오픈소스

이 책은 버전 관리 툴로 깃허브[141] 사용을 전제로 한다. 깃허브 액션[142] 및 Dependabot[143] 등 소프트웨어 개발을 위한 생태계가 잘 구성돼 있기 때문이다. 참고로 이 책에서 진행하는 테스트 설정과 CI/CD 환경 설정을 따라하더라도 별도의 비용이 들지 않는다.

---

136 https://echo.labstack.com/
137 https://gin-gonic.com/
138 https://goa.design/
139 https://github.com/valyala/fasthttp
140 https://github.com/gofiber/fiber
141 https://github.com/
142 https://github.com/features/actions
143 https://docs.github.com/ko/code-security/dependabot

14

HTTP 서버 만들기

Web Application Development
in Go Programming Language

이번 장에서는 깃허브 리포지터리를 만든 후에 HTTP 서버 코드를 작성하고 명령줄에서 웹서버를 실행하는 것까지 구현해본다.

053 프로젝트 초기화

먼저 프로젝트 초기화를 해보자. 버전 관리를 하지 않고서도 개발할 수 있지만 다음과 같은 이점이 있으므로 깃허브를 코드 버전 관리 툴로 사용한다.

- 깃허브 액션을 사용한 지속적 통합을 구축할 수 있다.
  ▶ 자동 테스트나 정적 분석을 통해 틀린 부분이 없는지 확인하면서 학습할 수 있다.
- 버전 관리를 통해 손쉽게 수정이나 복원 작업을 할 수 있다.

● 깃허브 리포지터리 작성하기

먼저 애플리케이션 관련 성과물을 버전 관리하기 위한 리포지터리를 작성한다. 깃허브를 사용해 개발할 때는 gh 명령[144]을 이용해서 깃허브 처리를 간단하게 실행할 수 있다. gh 명령은 깃허브가 개발한 명령줄 툴로 깃허브의 리포지터리를 처리하거나 정보를 열람할 수 있게 해주는 오픈소스 툴이다. Go로 구현돼 있다.

코드 14.1은 gh 명령을 사용해 go_todo_app이라는 이름으로 깃허브 리포지터리를 신규로 생성하는 것을 보여준다. 구체적으로는 대화 형식으로 다음과 같은 작업을 한다.

- git init 명령으로 깃 리포지터리 초기화
- 원격 리포지터리 작성
- 라이선스 파일 작성
- 언어에 특화된 .gitignore 파일 작성
- git clone해서 로컬에 리포지터리 복사

---

144 https://cli.github.com/

이것으로 웹 브라우저에서 원격 리포지터리를 작성하고 git clone 명령을 사용해 로컬 리포지터리로 복사하는 작업을 마쳤다.[145]

코드 14.1 gh 명령을 사용한 깃 리포지터리 초기화

```
$ gh repo create
? What would you like to do? Create a new repository on GitHub from scratch
? Repository name go_todo_app
? Description TODO Web Application with AUTH by Go.
? Visibility Private
? Would you like to add a .gitignore? Yes
? Choose a .gitignore template Go
? Would you like to add a license? Yes
? Choose a license MIT License
? This will create "go_todo_app" as a private repository on GitHub. Continue? Yes
✓ Created repository budougumi0617/go_todo_app on GitHub
? Clone the new repository locally? Yes
Cloning into 'go_todo_app'...
remote: Enumerating objects: 4, done.
remote: Counting objects: 100% (4/4), done
remote: Compressing objects: 100% (4/4), done.
Receiving objects: 100% (4/4), done.
remote: Total 4 (delta 0), reused 0 (delta 0), pack-reused 0
```

cd go_todo_app 명령으로 디렉터리를 이동하고 로컬 리포지터리 안에서 gh browse 명령을 실행하면 깃허브에 작성된 원격 리포지터리를 웹브라우저에서 열 수 있다.

● Go 프로젝트

5장에서도 다룬 go mod 명령을 사용해 프로젝트(모듈)를 초기화한다.

로컬 리포지터리의 디렉터리로 이동한 후 go mod init ${모듈명}을 실행한다. 모듈명은 이 리포지터리 아래에 작성하는 패키지를 소스 코드 내에서 import할 때에 사용한

---

145 옮긴이 gh 툴은 각자 환경에 맞는 설치 파일을 찾아서 설치하도록 한다(https://cli.github.com/). 처음 gh 명령을 실행하면 다음 명령을 통해 깃허브 인증을 실시해야 한다(gh auth login). 물론 깃허브 계정이 있어야 한다. git이 설치돼 있지 않다면 오류가 발생하니 깃을 설치하자.

다. 자유롭게 모듈명을 설정할 수 있지만 리포지터리의 URL과 일치시키는 것이 좋다.

코드 14.2 go mod init 명령으로 모듈을 초기화한다

```
$ cd go_todo_app
$ go mod init github.com/budougumi0617/go_todo_app
go: creating new go.mod: module github.com/budougumi0617/go_todo_app
```

아직 다른 모듈에 의존하지 않으므로 다음과 같은 내용의 go.mod 파일이 생성된다. go.mod 파일의 내용에 대해선 공식 문서[146]를 참고하자.

코드 14.3 작성된 go.mod 파일

```
$ cat go.mod
module github.com/budougumi0617/go_todo_app

go 1.20
```

윈도우에서는 more 명령을 사용하거나 탐색기를 통해 파일을 열어서 확인할 수 있다.[147]

```
C:\code\go_todo_app>more go.mod
module github.com/jinsiltwo/go_todo_app

go 1.20
```

---

146 https://go.dev/ref/mod#go-mod-file
147 [옮긴이] 이후 윈도우/리눅스 명령이 다른 경우에만 윈도우 명령을 추가한다.

go mod init, GOPATH, 로컬 리포지터리 정리

2018년 말에 Go 1.11[148]가 출시되기 전까지는 $GOPATH/src 디렉터리에서만 개발이 가능했으며, 로컬의 다른 위치에서 코드를 자유롭게 작성하고 싶은 사람들은 불만을 표했다. Modules가 도입된 Go 1.11부터는 $GOPATH/src 디렉터리 외에도 코드를 자유롭게 배치할 수 있게 됐다. 일반적인 개발에서는 $GOPATH 환경 변숫값을 신경 쓰지 않아도 된다.

단, 매우 편리한 로컬 리포지터리 관리 툴인 ghq 명령[149]을 사용한다면 자연스럽게 Go 1.11 출시 이전의 디렉터리 구성으로 코드를 관리하게 된다. 필자는 fzf 명령[150]과 ghq 명령을 조합해서 로컬 코드를 관리하고 있으므로 지금도 GOPATH 시대와 같은 디렉터리 구성을 사용하고 있다. go mod init 명령도 $GOPATH/src 디렉터리 아래에서 실행하면 인수에 모듈명을 지정하지 않아도 동작한다.

---

148 https://go.dev/doc/go1.11
149 https://github.com/x-motemen/ghq
150 https://github.com/junegunn/fzf

054 웹서버 실행하기

실제로 웹서버 코드를 Go로 작성해보겠다. Go의 표준 패키지인 net/http를 사용하면 동작만 하는 웹서버 정도는 몇 줄의 코드만으로 만들 수 있다.

코드 14.4는 요청을 받아서 응답 메시지를 생성하는 서버를 구현한 것이다. 포트 번호를 18080으로 고정해서 서버를 실행하므로 필요에 따라 ":18080" 부분을 다른 번호로 변경하자.

코드 14.4 최소한의 코드만 사용한 웹서버 (File) _chapter14/section54/main.go

```go
package main

import (
  "fmt"
  "net/http"
  "os"
)

func main() {
  err := http.ListenAndServe(
    ":18080",
    http.HandlerFunc(func(w http.ResponseWriter, r *http.Request) {
      fmt.Fprintf(w, "Hello, %s!", r.URL.Path[1:])
    }),
  )
  if err != nil {
    fmt.Printf("failed to terminate server: %v", err)
    os.Exit(1)
  }
}
```

http.ListenAndServe 함수는 첫 번째 인수인 주소 문자열과 두 번째 인수인 핸들러를 사용해 서버를 실행한다. 첫 번째 인수는 IP 정보를 생략하므로 localhost를 사용한다.

두 번째 인수인 핸들러에는 단일 처리만 구현하므로 어떤 패스를 사용하더라도 '패스를 사용해 응답 메시지를 반환하는' 처리를 한다.

● 동작 확인

동작 확인을 위해 빌드하지 않고 현재 디렉터리의 main 함수를 실행하는 go run 명령을 실행한다. 그리고 다른 창을 하나 더 열어서 curl 명령을 실행해본다.

코드 14.5 **동작 확인**

```
# 현재 디렉터리(go_todo_app)에 있는 파일의 main 함수를 실행한다.
$ go run .

# === 별도의 명령줄 창을 열어서 실행
$ curl localhost:18080/from_cli
Hello, from_cli!
```

참고로 Go의 net/http 패키지는 기본 설정에서 병렬 요청을 받을 수 있다. 따라서 루비나 파이썬Python의 표준 라이브러리가 제공하는 HTTP 서버 기능과 달리 프로덕션용으로 병렬 요청을 받기 위한 별도의 미들웨어를 준비할 필요가 없다. 로컬 개발과 프로덕션 개발에서 서버의 실행 구성에 차이가 없는 것도 Go로 개발할 때의 이점이다.

동작 확인이 끝났으면 go run . 명령을 실행한 창에서 Ctrl+C를 눌러 SIGINT 신호를 보내면 서버 프로세스가 종료된다.

코드 14.6 **실행 중인 서버 종료**

```
$ go run .
^Csignal: interrupt
```

윈도우에서는 다음과 같이 입력하여 실행한다.

```
exit status 0xc000013a
```

055 리팩터링과 테스트 코드

단 몇 줄의 코드로 병렬 요청을 받는 서버를 구현해보았다. 이 코드의 동작을 **테스트 코드**test code를 통해서도 확인해보도록 하자. 실제 업무에서 개발할 때 필수로 요구되는 것이 테스트 코드다. 하지만 앞서 구현한 main 함수는 테스트하기가 쉽지 않다.

● 쉽지 않은 테스트

앞의 서버 코드를 테스트 코드를 통해 실행하려면 어떻게 해야 할까?

Go의 main 함수는 단순한 함수이므로 테스트 코드를 통해 실행할 수 있다. 하지만 함수 외부에서 중단 처리를 할 수 없고 함수의 반환값도 없으므로 출력을 검증하는 것이 어렵다. 즉, 테스트 코드에서 다루기 어려운 코드라도 할 수 있다. 이상 상태인 경우 os.Exit 함수를 실행하므로 바로 종료된다.

코드 14.7 **main 함수용 테스트**   File _chapter14/section55/main_test.go

```go
// main_test.go
package main

import "testing"

func TestMainFunc(t *testing.T) {
  go main()
  // 실행은 할 수 있지만 종료를 지시할 수 없다.
}
```

또한, 서버를 실행할 때에 지정하는 포트 번호도 고정돼 있다. 동작 확인용으로 명령줄에서 서버를 실행한 상태에서 테스트하려고 하면 18080 포트를 사용할 수 없으므로 서버도 실행할 수 없다.

● run 함수로 처리 분리시키기

현재 코드를 문제점을 정리하면 다음과 같다.

- 테스트 완료 후에 종료할 방법이 없다.
- 출력을 검증하기 어렵다.
- 이상 처리 시에 os.Exit 함수가 호출된다.
- 포트 번호가 고정돼 있어서 테스트에서 서버가 실행되지 않을 수 있다.

이런 문제들을 해결하기 위해 main 함수에서 처리를 분리해서 run 함수로 옮기도록 한다. run 함수는 Go로 메인 프로세스를 구현할 때에 사용하는 구현 패턴이다. 웹서버 구현뿐만 아니라 명령줄 구현에도 사용할 수 있다.

먼저 context.Context 타입값을 인수로 받고, 이상 처리 시에 os.Exit 함수를 호출하는 것이 아니라 error 타입값을 반환하는 func run(ctx context.Context) error 함수를 구현한다.

main 함수는 코드 14.8과 같이 수정한다.

코드 14.8 run(ctx context.Context) error 함수로 처리를 분리시킨 main 함수

(File) _chapter14/section55/main.go

```go
func main() {
  if err := run(context.Background()); err != nil {
    log.Printf("failed to terminate server: %v", err)
  }
}
```

함수 외부에서 서브 프로세스를 중단할 수 있게 하기

run 함수에서는 context.Context 타입값을 인수로 받아서 외부에서 취소 처리를 받으면 서버를 종료하도록 구현한다. net/http 패키지에는 http.Server 타입이 있어서 http.ListenAndServe 함수가 아닌 *http.Server 타입의 ListenAndServe 메서드를 사용해서도 HTTP 서버를 실행할 수 있다. *http.Server 타입에는 Shutdown 메서드도

구현돼 있어서 이 메서드를 호출해 HTTP 서버를 종료할 수 있다.

*http.Server 타입을 사용하면 서버의 타임아웃 시간 등도 유연하게 설정할 수 있으므로 실무에서 HTTP 서버를 실행할 때는 *http.Server 타입을 경유해서 실행하는 것이 정석이다.

코드 14.9 **http.Server 타입을 사용한 HTTP 서버 실행**　　　　(File) _chapter14/section55/main.go

```go
s := &http.Server{
  Addr: ":18080",
  Handler: http.HandlerFunc(func(w http.ResponseWriter, r *http.Request) {
    fmt.Fprintf(w, "Hello, %s!", r.URL.Path[1:])
  }),
}
s.ListenAndServe()
```

*http.Server 타입을 사용해서 run 함수에 다음 기능을 구현한다.

- *http.Server.ListenAndServe를 실행해서 HTTP 요청을 받는다.
- 인수로 전달한 context.Context를 통해서 처리 중단 명령을 인식하면 *http.Server.Shutdown 메서드로 HTTP 서버 기능을 종료한다.
- run 함수의 반환값으로, *http.Server.ListenAndServe 메서드의 반환값 오류를 반환한다.

*http.Server.ListenAndServe 메서드를 실행하면서 context.Context에서 전파된 종료 알림을 기다릴 필요가 있다. 직접 go 문을 사용해서 병렬 처리를 하면 채널을 사용한 처리도 필요하므로 준표준 패키지나 표준 패키지를 사용한다.

> **COLUMN** **http.Server 타입과 http.Client 타입의 타임아웃**
>
> http.Server 타입과 http.Client 타입에 설정할 수 있는 타임아웃에 대해선 'The Cloudflare Blog'의 'The complete guide to Go net/http timeouts'[151]라는 기사의 개요와 그림을 참고하도록 하자.

golang.org/x/sync/errgroup 패키지를 사용한 종료 알림 기다리기

run 함수를 구현할 때 이용하는 준표준 패키지인 golang.org/x/sync를 go get 명령을 사용해 설치한다.

코드 14.10 go get 명령 실행

```
$ go get -u golang.org/x/sync
```

golang.org/x/sync 패키지에는 errgroup 서브 패키지가 포함돼 있다. errgroup. Group 타입[152]을 사용하면 반환값에 오류가 포함되는 고루틴의 병렬 처리를 간단히 구현할 수 있다. Go의 표준 패키지에도 sync.WaitGroup 타입[153]이라는 고루틴 처리를 쉽게 만들어 주는 타입이 있지만, 별도 고루틴에서 실행하는 함수에서 반환값으로 오류를 받을 수 없다.

코드 14.11은 *errgroup.Group 타입값을 사용해서 HTTP 서버를 실행하고 context. Context 타입값에서 오는 종료 알림을 기다리는 run 함수를 구현한 것이다. errgroup. WithContext 함수를 사용해서 얻은 *errgroup.Group 타입값의 Go 메서드를 사용하면 func() error라는 시그니처의 함수를 별도 고루틴에서 실행할 수 있게 된다. 다른 고루틴에서는 *http.Server.ListenAndServe 메서드를 실행해서 HTTP 요청을 기다린다.

---

151 https://blog.cloudflare.com/the-complete-guide-to-golang-net-http-timeouts/

152 https://pkg.go.dev/golang.org/x/sync/errgroup#Group

153 https://pkg.go.dev/sync#WaitGroup

run 함수는 인수로 받은 context.Context 타입값인 Done 메서드의 반환값으로 얻을 수 있는 채널을 통해 알림을 기다린다. 채널에서 알림이 온 경우는 다음과 같은 순서로 run 함수가 종료된다.

- <-ctx.Done() 다음 줄의 *http.Server.Shutdown 메서드가 실행된다.
- 다른 고루틴에서 실행되던 *http.Server.ListenAndServe 메서드가 종료된다.
- 다른 고루틴에서 실행되던 익명 함수(func() error)가 종료된다.
- run 함수의 마지막 부분에서 다른 고루틴이 종료되는 것을 기다리던 *errgroup.Group. Wait 메서드가 종료된다.
- 다른 고루틴에서 실행되던 익명 함수(func() error)의 반환값이 run 함수의 반환값이 된다.

이상으로 *http.Server.ListenAndServe 메서드로 HTTP 요청을 받으면서 인수로 받은 context.Context 타입값을 경유해서 외부의 종료 알림을 기다리는 run 함수를 구현할 수 있었다.

코드 14.11 **외부의 종료 지시를 받아서 서버를 종료하는 run 함수**　　(File) _chapter14/section55/main.go

```go
package main

import (
  "context"
  "fmt"
  "golang.org/x/sync/errgroup"
  "log"
  "net/http"
  "os"
)

// main 함수 정의는 생략

func run(ctx context.Context) error {
  s := &http.Server{
    Addr: ":18080",
    Handler: http.HandlerFunc(func(w http.ResponseWriter, r *http.Request) {
      fmt.Fprintf(w, "Hello, %s!", r.URL.Path[1:])
    }),
  }
```

```
  eg, ctx := errgroup.WithContext(ctx)
  // 다른 고루틴에서 HTTP 서버를 실행한다.
  eg.Go(func() error {
    // http.ErrServerClosed 는
    // http.Server.Shutdown()가 정상 종료된 것을 나타내므로 이상 처리가 아니다.
    if err := s.ListenAndServe(); err != nil &&
      err != http.ErrServerClosed {
      log.Printf("failed to close: %+v", err)
      return err
    }
    return nil
  })

  // 채널로부터의 알림(종료 알림)을 기다린다.
  <-ctx.Done()
  if err := s.Shutdown(context.Background()); err != nil {
    log.Printf("failed to shutdown: %+v", err)
  }
  // Go 메서드로 실행한 다른 고루틴의 종료를 기다린다.
  return eg.Wait()
}
```

● run 함수 테스트

앞 절에서 구현한 run 함수에 대해 다음과 같은 검증을 하는 테스트 코드(main_test.go 파일)를 작성한다.

- 예상한 대로 HTTP 서버가 실행되는가?
- 테스트 코드가 의도한 대로 종료 처리를 하는가?

코드 14.12는 이 두 가지를 검증하는 테스트 코드다. 테스트 코드의 대략적인 흐름은 다음과 같다.

- 취소 가능한 context.Context 객체를 만든다.
- 다른 고루틴에서 테스트 대상인 run 함수를 실행해서 HTTP 서버를 시작한다.
- 엔드포인트에 대해 GET 요청을 전송한다.

- cancel 함수를 실행한다.

- *errgroup.Group.Wait 메서드 경유로 run 함수의 반환값을 검증한다.

- GET 요청에서 받은 응답 바디가 기대한 문자열인 것을 검증한다.

코드 14.12 **run 함수를 테스트하는 코드** (File) _chapter14/section55/main_test.go

```go
package main

import (
  "context"
  "fmt"
  "golang.org/x/sync/errgroup"
  "io"
  "net/http"
  "testing"
)

func TestRun(t *testing.T) {
  ctx, cancel := context.WithCancel(context.Background())
  eg, ctx := errgroup.WithContext(ctx)
  eg.Go(func() error {
    return run(ctx)
  })
  in := "message"
  rsp, err := http.Get("http://localhost:18080/" + in)
  if err != nil {
    t.Errorf("failed to get: %+v", err)
  }
  defer rsp.Body.Close()
  got, err := io.ReadAll(rsp.Body)
  if err != nil {
    t.Fatalf("failed to read body: %v", err)
  }

  // HTTP 서버의 반환값을 검증한다.
  want := fmt.Sprintf("Hello, %s!", in)
  if string(got) != want {
    t.Errorf("want %q, but got %q", want, got)
  }

  // run 함수에 종료 알림을 전송한다.
  cancel()
```

```
  // run 함수의 반환값을 검증한다.
  if err := eg.Wait(); err != nil {
    t.Fatal(err)
  }
```

테스트 코드를 작성했다면 테스트를 실행해서 의도한 대로 테스트가 종료되는 것을
확인해보자.

코드 14.13 테스트 실행

```
$ go test -v ./...
=== RUN   TestRun
--- PASS: TestRun (0.00s)
PASS
ok      github.com/budougumi0617/go_todo_app     0.145s
```

일시적으로 want := fmt.Sprintf("Hello, %s!", in)의 문자열을 변경해서 테스트가
실패하는 것을 확인하는 것도 좋다.

코드 14.14 테스트가 실패하는 것을 확인한다

```
$ go test -v ./...
=== RUN TestRun
    main_test.go:39: want "Hi, message!", but got "Hello, message!"
--- FAIL: TestRun (0.01s)
FAIL
FAIL    github.com/budougumi0617/go_todo_app     0.914s
FAIL
```

go run . 명령으로 서버가 실행되고 애플리케이션이 정상적으로 동작하는 것을 확인할
수 있다. 기대한 대로 동작하는 것을 확인했다면 go mod tidy 명령으로 go.mod 파일
과 go.sum 파일을 업데이트하자.

● 테스트가 실행되지 않는 경우

go run 명령을 실행 중에 다른 명령줄이나 IDE에서 go test 명령을 실행하면 tcp:18080: bind: address already in use라는 오류가 발생한다. 이 오류 메시지가 가리키는 대로 go run 명령으로 실행한 HTTP 서버와 go test 명령으로 실행하려고 하는 HTTP 서버가 동일 포트 번호를 사용하려고 하기 때문이다. 다음 절에서는 포트 번호를 동적으로 할당하는 법을 보겠다.

코드 14.15 **오류 발생**

```
$ go test -v ./...
=== RUN TestRun
2022/05/24 22:45:18 failed to close: listen tcp :18080: bind: address already in use
    main_test.go:33: listen tcp :18080: bind: address already in use
--- FAIL: TestRun (0.00s)
FAIL
FAIL    github.com/budougumi0617/go_todo_app    0.240s
FAIL
```

056 포트 번호를 변경할 수 있도록 만들기

앞 절에서 다룬 테스트 실행에서도 영향이 있었지만 할당하고 싶은(비어 있는) 포트 번호가 환경에 따라 다르다. 로컬 환경의 18080 포트를 다른 애플리케이션에서 사용하고 있다면, 이 절을 읽기 전부터 이미 다른 포트 번호를 예제 코드에서 사용하고 있을 수도 있다.

여기선 포트 번호가 충돌해서 문제가 발생하지 않도록 코드를 변경해본다.

● 동적으로 포트 번호 할당하기

net 패키지나 net/http 패키지에서는 포트 번호에 0을 지정하면 사용 가능한 포트 번호를 동적으로 선택해준다. 단, run 함수 내에서 포트 번호를 자동 선택하면 테스트 코드에서 어떤 URL(포트 번호)로 요청을 던져야 하는지 모른다.

이를 위해서 코드 14.16과 같이 run 함수 외부에서 동적으로 선택한 포트 번호를 인수로 받도록, net.Listener 인터페이스를 인수로 추가한다.

코드 14.16 **함수 외부에서 네트워크 리스너를 받는다**　　　(File) _chapter14/section56/main.go

```go
func run(ctx context.Context, l net.Listener) error {
  s := &http.Server{
    // 인수로 받은 net.Listener를 이용하므로 Addr 필드는 지정하지 않는다.
    Handler: http.HandlerFunc(func(w http.ResponseWriter, r *http.Request) {
      fmt.Fprintf(w, "Hello, %s!", r.URL.Path[1:])
    }),
  }
  eg, ctx := errgroup.WithContext(ctx)
  eg.Go(func() error {
    // ListenAndServe 메서드가 아닌 Serve 메서드로 변경한다.
    if err := s.Serve(l); err != nil &&
      // http.ErrServerClosed는
```

```
        // http.Server.Shutdown()가 정상 종료됐다고 표시하므로 문제없다.
        err != http.ErrServerClosed {
        log.Printf("failed to close: %+v", err)
        return err
    }

// 이후 코드는 동일하다.
```

테스트 코드를 수정해서 새로운 run 함수를 실행하기 전에 net.Listener 함수로 리슨
listen 처리를 시작하자.

코드 14.17 run 함수용 테스트 수정　　　　　　　　　　　　(File) _chapter14/section56/main_test.go

```
func TestRun(t *testing.T) {
  l, err := net.Listen("tcp", "localhost:0")
  if err != nil {
    t.Fatalf("failed to listen port %v", err)
  }
  ctx, cancel := context.WithCancel(context.Background())
  eg, ctx := errgroup.WithContext(ctx)
  eg.Go(func() error {
    return run(ctx, l)
  })
  in := "message"
  url := fmt.Sprintf("http://%s/%s", l.Addr().String(), in)
  // 어떤 포트 번호로 리슨하고 있는지 확인
  t.Logf("try request to %q", url)
  rsp, err := http.Get(url)

// 이후 코드는 동일하다.
```

main 함수는 코드 14.18과 같이 변경할 수 있다. os.Args 변수를 사용해 실행 시의 인
수로 포트 번호를 지정할 수 있게 한다.

코드 14.18 run 함수에 맞춰 main 함수 수정　　　　　　　　(File) _chapter14/section56/main.go

```
func main() {
  if len(os.Args) != 2 {
    log.Printf("need port number\n")
```

```
    os.Exit(1)
  }
  p := os.Args[1]
  l, err := net.Listen("tcp", ":"+p)
  if err != nil {
    log.Fatalf("failed to listen port %s: %v", p, err)
  }
  if err := run(context.Background(), l); err != nil {
    log.Printf("failed to terminate server: %v", err)
    os.Exit(1)
  }
}
```

참고로 `os.Args` 변수를 사용해 명령줄 인수를 얻는 방법 외에도 `flag` 패키지[154]를 사용해서 플래그로 정보를 받는 방법도 있다.

`go run` 명령으로 동작을 확인할 때는 포트 번호를 지정해서 `go run . 18080`처럼 실행한다. `go run` 명령으로 서버를 실행해두고 다른 창의 명령줄에서 `go test` 명령을 실행해서 테스트가 성공하는지 확인하자. 테스트를 실행할 때는 `-v` 옵션을 붙여서 실행하면 테스트가 성공한 경우에도 `t.Log` 메서드의 출력 결과를 확인할 수 있다. 테스트 중에 0번 포트가 아닌 임의의 포트 번호가 리슨되는 것을 알 수 있다.

코드 14.19 테스트 실행

```
$ go test -v ./...
=== RUN TestRun
    main_test.go:26: tray request to "http://127.0.0.1:59709/message"
--- PASS: TestRun (0.01s)
PASS
ok      github.com/budougumi0617/go_todo_app     0.915s
```

---

154 https://pkg.go.dev/flag

이상으로 안정된 테스트 코드를 실행할 수 있게 됐다. 하지만 run 함수에 정리한 main 함수 내의 처리가 늘어나 버렸다. 이에 대해선 다음 절에서 수정하고 이 장은 일단 여기서 마무리하도록 한다.

● 정리

이번 장에서는 깃허브 리포지터리를 작성하고 웹서버와 테스트 코드를 구현했다. 동작하는 코드와 테스트 코드를 작성했으므로 다음 장에서는 로컬 실행 환경과 지속적 통합 환경을 정비하도록 한다. 이 장에서 배운 내용을 정리하면 다음과 같다.

- 표준 패키지를 사용해 웹서버를 실행해보았다.
  - ▶ Go의 웹서버는 병렬 요청을 처리할 수 있다.
- run 함수로 처리를 분리해서 테스트 용이성을 확보했다.
- 임의의 포트 번호로 실행할 수 있게 했다.

포트를 변경했을 때 테스트 코드가 실패하는 문제를 해결했다.

15

개발 환경 정비하기

Web Application Development
in Go Programming Language

기능 개발에 들어가기 전에 개발 환경 및 지속적 통합을 정비하도록 한다. 개발이 진행되다 보면 의식하지 못한 사이에 특정 툴이나 실행 환경에 의존하는 등 제약이 발생한다. 나중에 다시 개발 환경을 정리하는 것은 번거롭기 때문에 실행할 수 있는 테스트 코드 등이 준비된 단계에서 일단 개발 환경을 정비하는 것이 좋다.

참고로 이 책은 각 툴이나 파일 내용에 대해선 상세히 설명하지 않으니 이해해주길 바란다.

057 도커를 사용한 실행 환경

Go는 빌드하면 단일 바이너리 파일로 배포할 수 있다. 따라서 컨테이너를 작성할 때도 빌드된 바이너리만 컨테이너에 포함시키면 된다. 빌드 전의 소스 코드 등은 불필요하므로 중간 빌드 스테이지에서 빌드하는 멀티 스테이지 빌드를 실시한다.

먼저 .dockerignore 파일을 작성해서 도커로 컨테이너를 빌드할 때에 제외할 디렉터리를 지정한다.

코드 15.1 .dockerignore를 사용한 파일 제외 (File) .dockerignore

```
.git
.DS_Store
```

다음은 **도커 파일**Dockerfile을 정의한다. 코드 15.2에는 세 개의 빌드 스테이지가 정의돼 있다.

코드 15.2 멀티 스테이지 빌드를 사용한 도커 파일 작성 (File) Dockerfile

```
# 배포용 컨테이너에 포함시킬 바이너리를 생성하는 컨테이너
FROM golang:1.18.2-bullseye as deploy-builder

WORKDIR /app

COPY go.mod go.sum ./
RUN go mod download

COPY . .
RUN go build -trimpath -ldflags "-w -s" -o app

# ----------------------------------------------------

# 배포용 컨테이너
FROM debian:bullseye-slim as deploy
```

```
RUN apt-get update

COPY --from=deploy-builder /app/app .

CMD ["./app"]

# ----------------------------------------------------

# 로컬 개발 환경에서 사용하는 자동 새로고침 환경
FROM golang:1.18.2 as dev
WORKDIR /app
RUN go install github.com/cosmtrek/air@latest
CMD ["air"]
```

각 빌드 스테이지의 역할은 표 15.1과 같다.

표 15.1 도커 파일 구성

스테이지 명칭	역할
deploy-builder	릴리스용 빌드를 생성하는 스테이지
deploy	빌드한 바이너리를 릴리스하기 위한 컨테이너 생성 스테이지
dev	로컬에서 개발할 때에 사용할 컨테이너 생성 스테이지

deploy 스테이지의 빌드를 실행할 때는 docker build -t budougumi0617/gotodo:${DOCKER_TAG} --target deploy ./처럼 --target 옵션을 지정한다. deploy에는 릴리스용 바이너리 파일만 복사한다. deploy-builder에서는 릴리스용 컨테이너 이미지에 포함시키고 싶지 않은 인증 정보 파일이나 환경 변수를 사용할 수 있다.

● 자동 새로고침 환경

dev 스테이지의 컨테이너는 로컬 장치에서 실행하기 위한 것이다. go install 명령으로 설치한 air라는 명령을 실행하도록 정의돼 있다. 이것은 github.com/cosmtrek/air라는 오픈소스 툴로 Go에서 '**자동 새로고침**(**핫 리로드**hot reload라고도 한다) 개발'을 가능하게 해준다. air 명령을 실행하면 소스 코드 파일이 변경될 때마다 이를 감지해서 go build

명령을 실행하고 Go 프로그램을 재실행해준다. 로컬 장치의 디렉터리를 마운트해두면 컨테이너에서 파일을 편집하지 않아도 자동 새로고침이 이루어진다.

air 명령어가 사용하는 air.toml이라는 설정 파일을 코드 15.3에 수록했다. 설정 파일에서는 감시로부터 제외할 디렉터리나 실행 시의 인수를 지정할 수 있다. 앞 장의 코드 수정에서 실행 시 인수로 포트 번호를 전달하도록 했으므로 여기선 80을 인수로 지정하고 있다.

코드 15.3 air.toml 설정 내용
(File) air.toml

```
root = "."
tmp_dir = "tmp"

[build]
# 이전 형식의 shell 명령. 'make'를 사용해도 된다.
cmd = "go build -o ./tmp/main ."
# 'cmd'에서 바이너리 파일을 생성한다.
bin = "tmp/main"

# 80번 포트를 사용하도록 실행 시 인수를 지정
full_bin = "APP_ENV=dev APP_USER=air ./tmp/main 80"

include_ext = ["go", "tpl", "tmpl", "html"]
exclude_dir = ["assets", "tmp", "vendor"]
include_dir = []
exclude_file = []
exclude_regex = ["_test.go"]
exclude_unchanged = true
follow_symlink = true
log = "air.log"
delay = 1000 # ms
stop_on_error = true
send_interrupt = false
kill_delay = 500 # ms

[log]
time = false

[color]
main = "magenta"
```

```
watcher = "cyan"
build = "yellow"
runner = "green"

[misc]
clean_on_exit = true
```

● 도커 구성기 설정

이 책에서 작성하는 웹 애플리케이션은 MySQL 및 레디스Redis 사용을 전제로 한다. 이
들을 간단히 로컬에서 실행하기 위해서 도커 구성기를 사용한다. 도커 구성기는 2022
년 4월부터 V2를 일반 공개하고 있으며 docker compose 명령(docker 명령의 서브 명령)
으로 실행할 수 있다.[155]

코드 15.4에서는 먼저 웹 애플리케이션만 실행할 수 있는 정도의 docker-compose.
yml 파일을 작성한다.

---

155 https://www.docker.com/blog/announcing-compose-v2-general-availability/

코드 15.4 docker-compose.yml 설정 내용

```
version: "3.9"
services:
  app:
    image: gotodo
    build:
      args:
        - target=dev
    volumes:
      - .:/app
    ports:
      - "18000:80"
```

이 docker-compose.yml에서는 **app**이라는 이름으로 자동 새로고침 개발 환경의 컨테이너를 실행하도록 정의하고 있다. 현재 디렉터리를 마운트하므로 로컬에서 코드를 변경하면 자동적으로 HTTP 서버가 실행된다. 코드 15.3에서 설정한 것처럼 80번 포트를 사용해서 HTTP 서버를 실행하므로 로컬의 18000번 포트에 바인딩하고 있다.

● 도커 구성기 환경의 동작 확인

여기까지 모든 준비가 됐다면 로컬 개발용 컨테이너를 docker compose build --no-cash 명령을 실행해서 빌드한다.

코드 15.5 컨테이너 빌드

```
docker compose build --no-cache
[+] Building 4.4s (8/8) FINISHED
=> [internal] load build definition from Dockerfile 0.0s
=> => transferring dockerfile: 32B 0.0s
=> [internal] load .dockerignore 0.0s
=> => transferring context: 54B 0.0s
=> [internal] load metadata for docker.io/library/golang:1.18.2 2.1s
=> [auth] library/golang:pull token for registry-1.docker.io
0.0s
=> [dev 1/3] FROM docker.io/library/golang:1.18.2@sha256:02c05351ed076c581854c
554fa65cb2eca 47b4389fb79a1fc36f21b8df59c24f          0.0s
=> => resolve docker.io/library/golang:1.18.2@sha256:02c05351ed076c581854c554f
a65cb2eca47b4 389fb79a1fc36f21b8df59c24f          0.0s
```

```
=> CACHED [dev 2/3] WORKDIR /app 0.0s
=> [dev 3/3] RUN go install github.com/cosmtrek/air@latest 2.0s
=> exporting to image 0.1s
=> => exporting layers 0.1s
=> => writing image sha256:f53fdd9a8bae557914642324b3e8b79ae1e2920f382ac964a4f
8b75f9d5f6960 0.0s
=> => naming to docker.io/library/gotodo 0.0s

Use 'docker scan' to run Snyk tests against images to find vulnerabilities and
learn how to fix them
```

빌드 후 docker compose up 명령으로 컨테이너를 실행한다. 설정 파일이 제대로 작
성됐다면 다음과 같은 실행 로그가 출력된다. 별도의 명령줄 창을 열어서 `curl
localhost:18000/hello` 명령을 실행하면 로컬에서 요청이 전송되는 것을 확인할 수
있다.

확인이 끝났다면 docker compose up 명령을 실행한 명령줄에서 Ctrl+C를 눌려서 컨테
이너를 종료한다.

코드 15.6 컨테이너 실행

```
$ docker compose up
[+] Running 1/0
⠿ Container go_todo_app-app-1  Recreated  0.0s
Attaching to go_todo_app-app-1
go_todo_app-app-1  |
go_todo_app-app-1  |   __   _   ___
go_todo_app-app-1  |  / /\ | | | |_)
go_todo_app-app-1  | /_/--\ |_| |_| \_  , built with Go
go_todo_app-app-1  |
go_todo_app-app-1  | mkdir /app/tmp
go_todo_app-app-1  | watching .
go_todo_app-app-1  | !exclude tmp
go_todo_app-app-1  | building...
go_todo_app-app-1  | go: downloading golang.org/x/sync v0.0.0-20220513210516-
0976fa681c29
go_todo_app-app-1  | running...
go_todo_app-app-1  | 2022/05/26 00:47:00 start with: http://[::]:80
```

058 Makefile 추가하기

프로그램 언어마다 많이 사용되는 태스크 실행 툴이 있지만 Go에서는 **Makefile**을 사용해 각 작업을 관리하는 경우가 많다. 이 책에서도 지금까지 여러 명령을 옵션 인수와 함께 실행해왔다. 각 명령을 Makefile에 작성해두면 반복 실행을 효율적으로 할 수 있다.

작성할 Makefile의 내용은 코드 15.7과 같다. 여기서 새롭게 등장하는 명령도 있지만 편리하므로 선언해두록 한다. 예를 들어 이후 개발에서는 `make up` 명령을 실행하면 백그라운드에서 자동 새로고침 개발 환경이 실행된다.

코드 15.7 이 책에서 자주 사용하는 명령을 make 명령으로 만든다　　　　　(File) Makefile

```
.PHONY: help build build-local up down logs ps test
.DEFAULT_GOAL := help

DOCKER_TAG := latest
build: ## 배포용 도커 이미지 빌드
        docker build -t budougumi0617/gotodo:${DOCKER_TAG} \
                --target deploy ./

build-local: ## 로컬 환경용 도커 이미지 빌드
        docker compose build --no-cache

up: ## 자동 새로고침을 사용한 도커 구성기 실행
        docker compose up -d

down: ## 도커 구성기 종료
        docker compose down

logs: ## 도커 구성기 로그 출력
        docker compose logs -f
```

```
ps: ## 컨테이너 상태 확인
        docker compose ps

test: ## 테스트 실행
        go test -race -shuffle=on ./...

help: ## 옵션 보기
        @grep -E '^[a-zA-Z_-]+:.*?## .*$$' $(MAKEFILE_LIST) | \
                awk 'BEGIN {FS = ":.*?## "}; {printf "\033[36m%-20s\033[0m %s\n",
$$1, $$2}'
```

지면 관계상 전부 설명하긴 어렵지만 명령을 선언하고 있는 **명령:** 다음 줄은 탭tab으로
시작해야 한다.

명령: ## 명령 설명 형식으로 기술해두면 help 명령 실행 시에 다음과 같이 도움말이
표시된다. 팀 개발에서 사용하는 Makefile이라면 이런 식으로 작성하면 도움이 된다.
자세한 설명은 'A simple Makefile 'help' command'[156]를 참고하자.

코드 15.8 **도움말 표시 예**

```
$ make help
build               배포용 도커 이미지 빌드
build-local         로컬 환경용 도커 이미지 빌드
up                  자동 새로고침을 사용한 도커 구성기 실행
down                도커 구성기 종료
logs                도커 구성기 로그 출력
ps                  컨테이너 상태 확인
test                테스트 실행
help                옵션 보기
```

---

156 https://postd.cc/auto-documented-makefile/

059 깃허브 액션을 사용한 지속적 통합 환경

깃허브나 깃랩GitLab 등을 이용한 풀 리퀘스트pull request, PR 기반의 개발에서는 추가, 변경한 코드에 대해 사람이 직접 리뷰를 한 후에 **지속적 통합 환경(CI 환경)**을 설정해서 테스트 코드나 정적 분석을 자동 실행한다. 이 절에서는 깃허브 액션을 사용해서 CI 환경을 구축하도록 한다. 깃허브 액션은 깃허브 리포지터리의 .github/workflows/ 디렉터리 아래에 YAML 파일을 배치하기만 하면 사용할 수 있다.

● 깃허브 액션의 권한 수정

먼저 CI의 실행 중에 깃허브 액션이 PR에 작성할 수 있도록 권한을 설정해야 한다. https://github.com/${ACCOUNT_NAME}/${REPO_NAME}/settings/actions에 접근하면 ${REPO_NAME} 리포지터리에서 실행하는 깃허브 액션의 설정을 변경할 수 있다. 따라서 그림 15.1처럼 'Workflow permissions'을 'Read and write permissions'로 변경하도록 한다.

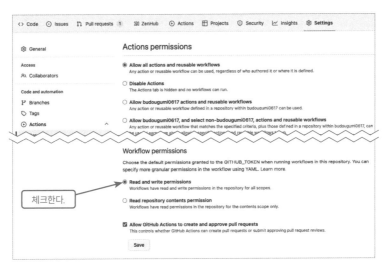

그림 15.1 깃허브 액션에 작성 권한을 준다.

● 테스트와 코드 커버리지 자동 실행

먼저 테스트를 자동으로 실행하고 테스트 커버리지를 PR에 기입하는 깃허브 액션을
정의해보겠다. .github/workflows/ 디렉터리에 아래에 test.yml을, 루트 디렉터리에
.octocov.yml[157]을 만든다. k1LoW/octocov-action[158]은 깃허브 액션에서 실행한 테스트
의 커버리지를 PR에 기입해주는 **워크플로**workflow다.

코드 15.9 **.github/workflow/test.yml 파일**　　(File) _chapter15/section59/.github/workflows/test.yml

```
on:
  push:
    branches:
      - "main"
  pull_request:
name: test
jobs:
  test:
    runs-on: ubuntu-latest
    steps:
    - uses: actions/setup-go@v3
      with:
        go-version: '>=1.18'
    - uses: actions/checkout@v3
    - run: go test ./... -coverprofile=coverage.out
    - name: report coverage
      uses: k1LoW/octocov-action@v0
```

이 깃허브 액션을 설정한 상태에서 PR을 만들면 그림 15.2와 같이 커버리지 결과가 기
록된다.[159]

---

157 https://github.com/budougumi0617/go_todo_app/blob/v1.0.4/.octocov.yml

158 https://github.com/marketplace/actions/run-octocov

159 macOS에서 golangci-lint 명령을 실행할 때에 can't extract issues from gofmt diff output 오류 메시
지가 발생한다는 보고가 있다. golangci/golangci-lint#3087(https://github.com/golangci/golangci-lint/
issues/3087)을 참고하여 brew install diffutils를 실행해서 diff 명령을 변경하자.

그림 15.2 PR에 기록된 코드 커버리지

● 정적 분석의 자동 실행

다음은 정적 분석static analysis을 추가한다. 다양한 정적 분석 툴이 오픈소스로 공개돼 있다. 각각 하나씩 실행하면 관리가 힘들기 때문에 `golangci-lint` 명령[160]을 사용해서 여러 개의 정적 분석 툴을 호출하는 것이 정석이다. 깃허브 액션에서 `golangci-lint` 명령을 실행할 때는 `reviewdog/actions-golangci-lint`[161]를 사용한다. 이것을 사용하면 정적 분석에서 오류가 보고되면 PR의 해당 코드에 기록해준다.

.github/workflows/golangci.yml라는 파일명으로 정의하는 깃허브 액션의 설정은 코드 15.10과 같다.

---

160 https://golangci-lint.run/

161 https://github.com/marketplace/actions/run-golangci-lint-with-reviewdog

코드 15.10 **.github/workflows/golangci.yml 파일** File _chapter15/section59/.github/workflows/golangci.yml

```yaml
name: golang-ci
on:
  pull_request:
    paths:
      - "**.go"
      - .github/workflows/golangci.yml
jobs:
  golangci-lint:
    name: golangci-lint
    runs-on: ubuntu-latest
    steps:
      - name: Check out code into the Go module directory
        uses: actions/checkout@v3
      - name: golangci-lint
        uses: reviewdog/action-golangci-lint@v2
        with:
          github_token: ${{ secrets.GITHUB_TOKEN }}
          golangci_lint_flags: "--config=./.golangci.yml ./..."
          fail_on_error: true
          reporter: "github-pr-review"
```

이 책에서는 .golangci.yml(루트 디렉터리 아래에 작성하는 파일)에 코드 15.11과 같은 설정을 정의한다.[162]

코드 15.11 **.golangci.yml의 정적 분석 설정** File _chapter15/section59/.golangci.yml

```yaml
linters-settings:
  govet:
    check-shadowing: false
  gocyclo:
    min-complexity: 30
  misspell:
    locale: US

linters:
  disable-all: true
```

162　옮긴이 코드 15.10은 PR에 golangci 워크플로를 연계하는 파일이며, 코드 15.11은 golangci의 자체 설정 파일로 어떤 식으로 정적 분석을 하는지 정의한다.

```
enable:
  - goimports
  - unused
  - errcheck
  - gocognit
  - gocyclo
  - gofmt
  - govet
  - misspell
  - staticcheck
  - whitespace
```

golangci-lint 명령을 통해 사용할 수 있는 정적 분석 툴은 다음 URL에서 확인할 수 있으므로 필요하면 참고해서 설정을 변경해도 좋다.

URL https://golangci-lint.run/usage/linters/

COLUMN **개인 학습과 지속적 통합 환경**

- -

개인 학습 시에도 CI 환경을 구축해서 PR 기반으로 실습하는 것은 큰 의미가 있다. 개인 학습 시에는 타인에게 코드를 보여주고 검토(리뷰)받는 것은 어렵지만 CI 환경을 구축해두면 정적 분석이나 코드 커버리지를 통해 셀프 피드백을 받을 수 있다. 또한, 책의 코드를 잘못 입력해서 버그가 발생하는 경우 등도 빠르게 찾을 수 있다.

장마다 PR을 만들어서 참고한 링크를 메모해두면 나중에 다시 복습하기에도 좋다.

● 정리

이번 장에서는 다음과 같은 작업을 했다.

- 도커를 만들어서 실행 환경을 컨테이너화했다.
- 도커 구성기를 사용한 실행 방법을 배웠다.
- 자동 새로고침(핫 리로드) 개발 환경을 구축했다.
- Makefile을 사용해 명령줄 처리를 문서화했다.

- 깃허브 액션을 사용해 자동 테스트 환경을 구축했다.
- 깃허브 액션을 사용해 자동 정적 분석 환경을 구축했다.

이상으로 로컬 개발 환경과 지속적 통합 환경을 구축했다. 다음 장부터는 `make up` 명령으로 서버를 실행하면서 동작 확인을 하도록 한다. 만약 잘 실행되지 않을 때는 `make logs` 명령으로 로그를 확인하면 된다. 그리고 실제 실습을 하면서 꼭 PR을 만들어보도록 하자. 자동 테스트나 자동 정적 분석을 확인하면서 코딩을 즐길 수 있을 것이다.

16

HTTP 서버를 약한 결합 구성으로 변경하기

앞 장에서 자동 테스트 환경 및 로컬 개발 환경을 구축했으므로 애플리케이션 코드 구현을 재개하도록 한다. 이번 장에서는 더 실용적인 Server 구조체를 정의하고 Beyond the Twelve-Factor App 관점을 적용하도록 한다.

060 환경 변수로부터 설정 불러오기

현재 애플리케이션 코드는 인수로부터 포트 번호를 얻고 있다. 개발을 진행하다 보면 애플리케이션 코드가 아닌 외부에서 지정하고 싶은 정보가 점점 늘어난다. 이 책에서도 뒤로 갈수록 DB 접속 정보나 SaaS를 사용을 위한 시크릿secret 정보 등을 등록하게 된다. 이것들을 모두 실행 바이너리 인수로 지정하면 순서를 틀릴 가능성이 있다.

환경 변수로부터 각 정보를 읽어오는 패키지를 추가해서 환경 변수를 사용하도록 수정해보자. Beyond the Twelve-Factor App에는 5번째 요소로 Configuration, Credentials, and Code라는 설정값 관련 내용이 있다.

● Config 패키지 구현하기

먼저 환경 변수를 읽는 config 패키지를 작성해보자. 독립된 패키지로 만드는 이유는 t.Setenv 메서드를 사용해서 환경 변수를 처리하는 테스트가 다른 테스트에 주는 영향을 피하기 위해서다. 사전에 go get 명령으로 github.com/caarlos0/env/v6 패키지를 다운로드하고 디렉터리를 다음과 같이 생성한다.

코드 16.1 go get 명령 실행

```
$ go get -u "github.com/caarlos0/env/v6"
$ mkdir config
```

config/config.go라는 파일을 작성하고 코드 16.2를 구현한다. config.New 함수는 Config 타입값에 환경 변수로부터 얻은 정보를 설정해서 반환한다. os.Getenv 함수와 달리 태그를 사용해 기본값을 설정할 수 있다.

```go
package config

import (
  "github.com/caarlos0/env/v6"
)

type Config struct {
  Env       string `env:"TODO_ENV" envDefault:"dev"`
  Port      int    `env:"PORT" envDefault:"80"`
}

func New() (*Config, error) {
  cfg := &Config{}
  if err := env.Parse(cfg); err != nil {
    return nil, err
  }
  return cfg, nil
}
```

코드 16.3은 config.New 함수를 테스트하는 코드다. config/config_test.go라는 파일을 생성해서 작성하면 된다. 테스트 코드에서는 기본값이 설정돼 있는지, 설정한 환경변수가 기대한 대로 설정돼 있는지를 확인한다.

코드 16.3 **config/config_test.go 파일** ⓕⁱˡᵉ _chapter16/section60/config/config_test.go

```go
package config

import (
  "fmt"
  "testing"
)

func TestNew(t *testing.T) {
  wantPort := 3333
  t.Setenv("PORT", fmt.Sprint(wantPort))

  got, err := New()
  if err != nil {
    t.Fatalf("cannot create config: %v", err)
```

```
  }
  if got.Port != wantPort {
    t.Errorf("want %d, but %d", wantPort, got.Port)
  }
  wantEnv := "dev"
  if got.Env != wantEnv {
    t.Errorf("want %s, but %s", wantEnv, got.Env)
  }
}
```

● 환경 변수를 사용해서 실행하기

다음은 config 패키지를 사용해서 실행하도록 애플리케이션 코드를 수정해보겠다.

먼저 run 함수 안에서 config 패키지를 사용하도록 설정한다. 코드 16.4는 main.go 의 run 함수 수정 내용이다. 이외에도 main.go의 import 문에 github.com/${GITHUB_ USERNAME/${REPO_NAME}/config 패키지를 추가한다.

코드 16.4 config 패키지를 사용하도록 수정한 run 함수　　　(File) _chapter16/section60/main.go

```
-func run(ctx context.Context, l net.Listener) error {
+func run(ctx context.Context) error {
+     cfg, err := config.New()
+     if err != nil {
+             return err
+     }
+     l, err := net.Listen("tcp", fmt.Sprintf(":%d", cfg.Port))
+     if err != nil {
+             log.Fatalf("failed to listen port %d: %v", cfg.Port, err)
+     }
+     url := fmt.Sprintf("http://%s", l.Addr().String())
+     log.Printf("start with: %v", url)
      s := &http.Server{
```

코드 16.5와 같이 main 함수는 다시 간단한 형태로 돌아갔다.

코드 16.5 **run 함수만 호출하도록 되돌아간 main 함수** (File) chapter16/section60/main.go

```go
func main() {
  if err := run(context.Background()); err != nil {
    log.Printf("failed to terminated server: %v", err)
    os.Exit(1)
  }
}
```

테스트 코드 유지관리

run 함수의 시그니처를 변경했으므로 TestRun 테스트에서 컴파일 오류가 발생한다. 또한, TestRun 테스트 내에서 사용할 수 있는 포트 번호를 동적으로 얻는 것이 어려워졌다. t.Setenv 메서드와 난수를 이용해서 임의의 포트 번호를 지정하면 테스트가 성공할 수 있지만 근본적인 해결책은 아니다. 일단 이 문제는 나중에 다시 보도록 하겠다.

먼저 TestRun 함수의 컴파일 오류를 해결하자. 그리고 t.Skip 메서드 호출을 추가해서 테스트 실행을 건너뛰도록 변경한다. 이 내용을 모두 반영한 TestRun 함수가 코드 16.6이다. 이것으로 일단 테스트가 실패하지 않게 됐다.

코드 16.6 **컴파일 오류를 해결하고 테스트를 건너뛴다** (File) _chapter16/section60/main_test.go

```go
func TestRun(t *testing.T) {
+       t.Skip("리팩터링 중")
+
        l, err := net.Listen("tcp", "localhost:0")
        if err != nil {
                t.Fatalf("failed to listen port %v", err)
// 중략
        ctx, cancel := context.WithCancel(context.Background())
        eg, ctx := errgroup.WithContext(ctx)
        eg.Go(func() error {
-               return run(ctx, l)
+               return run(ctx)
})
```

도커 구성기 설정 변경

로컬 실행 환경에서 환경 변수를 읽어보자. 코드 16.7은 docker-compose.yml 파일을 수정한 내용이다. TODO_ENV라는 환경 변수와 PORT를 지정했다. 실행 시 포트 번호가 변경되므로 ports로 지정한 컨테이너의 포트 번호도 변경한다.

코드 16.7 환경 변수를 설정해서 바인딩하는 포트를 변경한다 (File) _chapter16/section60/docker-compose.yml

```
      build:
        args:
          - target=dev
+     environment:
+       TODO_ENV: dev
+       PORT: 8080
      volumes:
          - .:/app
      ports:
-         - "18000:80"
+         - "18000:8080"
```

이미 도커 구성기로 컨테이너를 실행했다면 `make down` 명령을 사용해서 종료시키자. `make up` 명령을 사용해 재실행하고 `make logs` 명령으로 컨테이너의 실행 로그를 확인한다. `start with: http://[::]:8080`이라는 로그가 출력돼 있으면 환경 변수를 사용한 포트 번호 설정이 잘된 것이다.

다른 터미널 창에서 `curl localhost:18000/hello` 명령을 실행해 로컬에서 통신이 되는 것을 확인한다.

061 시그널 처리하기

웹 애플리케이션 서버가 필요하는 하는 기능 중 하나가 정상 종료이다. 서버 또는 컨테이너가 종료될 때는 애플리케이션 프로세스가 종료 시그널을 받는다. 특정 처리 중에 종료 시그널을 받은 경우, 애플리케이션 프로세스는 처리가 정상적으로 종료되기 전까지 종료돼서는 안 된다.

● signal.NotifyContext를 사용해 시그널 기다리기

리눅스에는 여러 종류의 시그널이 있지만 처리가 필요한 것은 **간섭 시그널(SIGINT)**과 **종료 시그널(SIGTERM)**이다.

애플리케이션 실행 중에 명령줄에서 Ctrl+C를 누른 경우 간섭 시그널이 애플리케이션에 전송된다. 컨테이너 운영 환경이라면 쿠버네티스_{Kubernetes},[163] 아마존 ECS_{Amazon ECS},[164] 구글 클라우드 런_{Google Cloud Run}[165] 등에서 운영하게 되며 외부로부터 컨테이너에 종료 시그널을 받는다.

코드 16.8은 시그널을 받으면 정상 종료하도록 변경한 run 함수 수정 내용이다. Go 1.15 이전에는 채널을 사용하도록 구현해야 했지만, Go 1.16부터는 os/signal 패키지에 추가된 signal.NotifyContext 함수를 사용해서 context.Context 타입값 경유로 시그널을 감지할 수 있게 됐다. http.Server 타입은 Shutdown 메서드를 호출하면 정상 종료를 시작하므로 코드 몇 줄만 변경하면 시그널 처리를 구현할 수 있다.

명령줄에서 동작 확인을 하기 위해 핸들러에 time.Sleep(5 * time.Second)을 추가했다.

---

163 https://kubernetes.io/ko/docs/concepts/workloads/pods/pod-lifecycle/
164 https://aws.amazon.com/blogs/containers/graceful-shutdowns-with-ecs/
165 https://cloud.google.com/blog/topics/developers-practitioners/graceful-shutdowns-cloud-run-deep-dive

```go
package main

import (
        "context"
        "fmt"
        "log"
        "net"
        "net/http"
        "os"
+       "os/signal"
+       "syscall"
+       "time"

        "github.com/budougumi0617/go_todo_app/config"
        "golang.org/x/sync/errgroup"
)

// main 함수 선언은 생략

func run(ctx context.Context) error {
+       ctx, stop := signal.NotifyContext(ctx, os.Interrupt, syscall.SIGTERM)
+       defer stop()
        cfg, err := config.New()
        if err != nil {
                return err
        }
        l, err := net.Listen("tcp", fmt.Sprintf(":%d", cfg.Port))
        if err != nil {
            log.Fatalf("failed to listen port %d: %v", cfg.Port, err)
        }
        url := fmt.Sprintf("http://%s", l.Addr().String())
        log.Printf("start with: %v", url)
        s := &http.Server{
                // 인수로 받은 net.Listener를 사용하므로
                // Addr 필드는 지정하지 않는다.
                Handler: http.HandlerFunc(func(w http.ResponseWriter, r *http.
Request) {
+                       // 명령줄에서 테스트하기 위한 로직
+                       time.Sleep(5 * time.Second)
                        fmt.Fprintf(w, "Hello, %s!", r.URL.Path[1:])
```

명령줄에서 중단시켜보기

실제로 시그널을 받으면 어떻게 동작하는지 확인해보자.

개발 환경용 컨테이너 이미지는 air 명령으로 실행하므로 make build 명령을 사용해
배포용 컨테이너를 작성한다. make up 명령으로 실행하는 개발 환경용 컨테이너와 달
리 28000번 포트를 지정해서 docker run 명령으로 동작 확인용 컨테이너를 실행한다.
핸들러 처리에 5초 슬립sleep을 넣었으므로 다른 명령줄 창에서 시간 측정을 위한 time
명령을 추가하도록 한다. 즉, time curl -I localhost:28000/hello 명령을 실행한다. 5
초가 경과하기 전에 Ctrl+C로 docker run 명령을 중단해보자.

코드 16.9 make build 명령 실행

```
$ make build
docker build -t budougumi0617/gotodo:latest \
--target deploy ./

[+] Building 7.5s (17/17) FINISHED

$ docker run -p 28000:80 budougumi0617/gotodo:latest
2022/05/28 08:02:29 start with: http://[::]:80
```

시그널 핸들링을 구현한 후에는 애플리케이션이 응답을 반환한 후 종료된다.

코드 16.10 시그널 핸들링 구현 후

```
# signal.NotifyContext 사용한 경우
$ time curl -i localhost:28000/hello
HTTP/1.1 200 OK
Date: Sun, 29 May 2022 01:09:47 GMT
Content-Length: 13
Content-Type: text/plain; charset=utf-8
Connection: close

Hello, hello!curl -i localhost:28000/hello 0.00s user 0.01s system 0% cpu 5.025 total
```

signal.NotifyContext 함수를 구현하지 않은 상태에서 동일한 실행을 하면 서버가 아무런 응답도 반환하지 않고 종료된다. 해당 부분을 주석 처리한 후 make build 명령, docker run 명령을 재실행해보면 이것을 확인할 수 있다.

코드 16.11 **동작 차이 확인**

```
# signal.NotifyContext 사용하지 않은 경우
$ time curl -i localhost:28000/hello
curl: (52) Empty reply from server
curl -i localhost:28000/hello 0.00s user 0.01s system 0% cpu 2.317 total
```

062 Server 구조체 정의하기

run 함수 내부에서 하는 처리가 많아졌다. 이제부터는 엔드포인트 단위의 HTTP 핸들러 구현이나 라우팅 정의도 늘어난다. main_test.go에 작성한 run 함수의 테스트도 아직 없으므로, Server 타입을 만들어 HTTP 서버 관련 부분을 분할하도록 한다.

코드 16.12는 http.Server 타입을 래핑한 자체 정의 Server 타입이다. server.go 파일에 구현한다. 값을 초기화하기 위해 NewServer 함수도 만들어 둔다. 동적으로 선택한 포트를 리스닝하기 위해 net.Listener 타입값을 인수로 받는다. 또한, 라우팅 설정도 인수로 받게 해서 Server 타입의 HTTP 서버 라우팅 처리를 분담한다.

코드 16.12 Server 타입　　　　　　　　　　　(File) _chapter16/section62/server.go

```go
package main

import (
    "context"
    "log"
    "net"
    "net/http"
    "os"
    "os/signal"
    "syscall"

    "golang.org/x/sync/errgroup"
)

type Server struct {
    srv *http.Server
    l   net.Listener
}

func NewServer(l net.Listener, mux http.Handler) *Server {
    return &Server{
```

```
      srv: &http.Server{Handler: mux},
      l:   1,
    }
  }
```

server.go 파일에는 Server 타입의 Run 메서드도 구현한다. 코드 16.13이 Run 메서드 정의다. 처리 내용은 run 함수에서 구현한 HTTP 서버 실행 처리와 거의 같다.

코드 16.13 run 함수 처리를 이식한 Run 함수　　　　　　　　(File) _chapter16/section62/server.go

```go
func (s *Server) Run(ctx context.Context) error {
  ctx, stop := signal.NotifyContext(ctx, os.Interrupt, syscall.SIGTERM)
  defer stop()
  eg, ctx := errgroup.WithContext(ctx)
  eg.Go(func() error {
    // http.ErrServerClosed는
    // http.Server.Shutdown()이 정상 종료한 것을 보여주는 것으로 아무 문제없다.
    if err := s.srv.Serve(s.l); err != nil &&
      err != http.ErrServerClosed {
      log.Printf("failed to close: %+v", err)
      return err
    }
    return nil
  })

  <-ctx.Done()
  if err := s.srv.Shutdown(context.Background()); err != nil {
    log.Printf("failed to shutdown: %+v", err)
  }
  // 정상 종료를 기다린다.
  return eg.Wait()
}
```

Run 메서드의 테스트 코드로 run 함수용으로 준비한 TestRun 함수를 재사용하도록 한다.

코드 16.14는 main_test.go 파일을 Server.Run 메서드용 테스트 코드로 수정한 것이다. 테스트 실행에는 지장이 없지만 server.go 파일을 위한 테스트라는 것을 쉽게 알 수 있도록 main_test.go를 server_test.go라는 파일명으로 변경한다.

코드 16.14 main_test.go를 server_test.go로 변경했다 File _chapter16/section62/server_test.go

```
        "golang.org/x/sync/errgroup"
)

-func TestRun(t *testing.T) {
-       t.Skip("리팩터링중")
-
+func TestServer_Run(t *testing.T) {
        l, err := net.Listen("tcp", "localhost:0")
        if err != nil {
                t.Fatalf("failed to listen port %v", err)
        }
        ctx, cancel := context.WithCancel(context.Background())
        eg, ctx := errgroup.WithContext(ctx)
+       mux := http.HandlerFunc(func(w http.ResponseWriter, r *http.Request) {
+               fmt.Fprintf(w, "Hello, %s!", r.URL.Path[1:])
+       })
+

        eg.Go(func() error {
-               return run(ctx)
+               s := NewServer(l, mux)
+               return s.Run(ctx)
```

063 라우팅 정의를 분할한 NewMux 정의하기

Server 타입에는 run 함수 내에서 수행한 HTTP 핸들러 정의는 구현하지 않는다.

어떤 처리를 어떤 URL 패스로 공개할지 **라우팅**routing하는 NewMux 함수를 구현한다. mux.go 파일에 코드 16.15와 같이 구현한 것이 NewMux 함수다. 반환값을 *http.ServeMux 타입값이 아닌 http.Handler 인터페이스를 사용하므로 내부 구현에 의존하지 않는 함수 시그니처가 된다. NewMux 함수가 반환하는 라우팅에서는 HTTP 서버가 실행 중인지 확인하기 위한 /health 엔드포인트를 선언한다.

대부분의 컨테이너 실행 환경[166]에서는 언제 컨테이너를 재실행하는지를 판단 조건으로 지정하는 엔드포인트가 있으며 이를 **폴링**polling하는 규칙이 있다.[167]

코드 16.15 **NewMux 함수**　　　　　　　　　　　　(File) _chapter16/section63/mux.go

```go
package main

import "net/http"

func NewMux() http.Handler {
  mux := http.NewServeMux()
  mux.HandleFunc("/health", func(w http.ResponseWriter, r *http.Request) {
    w.Header().Set("Content-Type", "application/json; charset=utf-8")
    // 정적 분석 오류를 회피하기 위해 명시적으로 반환값을 버린다.
    _, _ = w.Write([]byte(`{"status": "ok"}`))
  })
  return mux
}
```

166　https://kubernetes.io/docs/tasks/configure-pod-container/configure-liveness-readiness-startup-probes/

167　https://docs.aws.amazon.com/AWSCloudFormation/latest/UserGuide/aws-properties-ecs-taskdefinition-healthcheck.html

● httptest 패키지를 사용한 테스트

코드 16.6은 mux_test.go에 작성할 테스트 코드로 NewMux 함수에서 정의한 라우팅이 의도한 대로 동작하는지 확인하기 위한 것이다. TestNewMux 함수에서는 httptest 패키지를 사용해 ServeHTTP 함수에 인수로 전달한 목mock을 생성한다.

httptest.NewRecorder 함수를 사용하면 ResponseWriter 인터페이스를 충족하는 *Response Recorder 타입의 값을 얻을 수 있다. *ResponseRecorder 타입의 값을 ServeHTTP 함수를 전달한 후에 Result 메서드를 실행하면 클라이언트가 받은 응답 내용이 포함된 http.Response 타입값을 얻을 수 있다. httptest.NewRequest 함수는 동일하게 테스트용 *http.Request 타입값을 생성한다.

httptest.NewRecorder 함수와 httptest.NewRequest 함수를 사용하므로 Go에서는 HTTP 서버를 실행하지 않고 간단히 HTTP 핸들러를 테스트하는 코드를 작성할 수 있다.

코드 16.16 httptest 패키지를 사용해서 HTTP 요청과 유사한 처리를 테스트

(File) _chapter16/section63/mux_test.go

```go
package main

import (
  "io"
  "net/http"
  "net/http/httptest"
  "testing"
)

func TestNewMux(t *testing.T) {
  w := httptest.NewRecorder()
  r := httptest.NewRequest(http.MethodGet, "/health", nil)
  sut := NewMux()
  sut.ServeHTTP(w, r)
  resp := w.Result()
  t.Cleanup(func() { _ = resp.Body.Close() })

  if resp.StatusCode != http.StatusOK {
    t.Error("want status code 200, but", resp.StatusCode)
  }
```

```go
  got, err := io.ReadAll(resp.Body)
  if err != nil {
    t.Fatalf("failed to read body: %v", err)
  }

  want := `{"status": "ok"}`
  if string(got) != want {
    t.Errorf("want %q, but got %q", want, got)
  }
}
```

064 run 함수를 다시 리팩터링하기

마지막으로 Server 타입과 NewMux 함수를 사용해 run 함수를 리팩터링refactoring한다. 코드 16.17과 같이 재작성한 run 함수에서는 리팩터링하기 전에 구현한 로직이 다른 함수나 타입으로 위임됐다.

코드 16.17 다시 리팩터링한 run 함수　　　　　　　　　　　(File) _chapter16/section64/main.go

```go
func run(ctx context.Context) error {
  cfg, err := config.New()
  if err != nil {
    return err
  }
  l, err := net.Listen("tcp", fmt.Sprintf(":%d", cfg.Port))
  if err != nil {
    log.Fatalf("failed to listen port %d: %v", cfg.Port, err)
  }
  url := fmt.Sprintf("http://%s", l.Addr().String())
  log.Printf("start with: %v", url)
  mux := NewMux()
  s := NewServer(l, mux)
  return s.Run(ctx)
}
```

NewMux 함수에 정의한 /health 엔드포인트에 요청을 전송해서 HTTP 서버가 정상적으로 실행되는지 확인하자.

코드 16.18 동작 확인

```
$ curl localhost:18000/health
{"status": "ok"}
```

● 정리

이번 장에서는 다음과 같은 작업을 했다.

- 설정 정보를 환경 변수로부터 읽어오는 기능을 구현했다.
- 종료 시그널을 받으면 정상 종료되도록 구현했다.
- Server 타입에 HTTP 서버의 실행 순서를 정리했다.
- 라우팅 정의를 NewMux 함수로 분리했다.
- httptest 패키지를 사용해서 HTTP 핸들러의 테스트 코드를 작성했다.

17

엔드포인트 추가하기

Web Application Development
in Go Programming Language

이번 장에서는 ToDo 애플리케이션의 태스크에 관련된 엔드포인트 프로토타입을 구현한다. 처음부터 RDBMS를 사용해서 영구 저장까지 진행하면 작업량이 늘어나므로 먼저 인메모리in-memory에 데이터를 저장한다. 참고로 파일도 늘어났으므로 이번 장에서는 처음부터 몇 가지 타입이나 함수를 서브 패키지로 구현한다.

065 entity.Task 타입 정의와 영구 저장 방법의 임시 구현

먼저 ToDo 애플리케이션에서 사용하는 태스크task를 타입으로 정의한다.

코드 17.1은 새롭게 작성한 entity 패키지에 있는 Task 타입이다. Task 타입에서는 ID 필드와 Status 필드에 Defined Type을 사용해 자체 타입으로 정의한다. 자체 타입을 사용하면 코드 17.2와 같이 잘못된 대입을 방지할 수 있다. 예를 들면 A 타입 ID를 사용해 B 타입을 탐색하는 등의 부작용을 방지할 수 있다.

코드 17.1 entity/task.go로 선언한 태스크 구현

```go
package entity

import "time"

type TaskID int64
type TaskStatus string

const (
  TaskStatusTodo  TaskStatus = "todo"
  TaskStatusDoing TaskStatus = "doing"
  TaskStatusDone  TaskStatus = "done"
)

type Task struct {
  ID      TaskID     `json:"id"`
  Title   string     `json:"title"`
  Status  TaskStatus `json:"status" `
  Created time.Time  `json:"created"`
}

type Tasks []*Task
```

코드 17.2 **Defined Type을 사용해 잘못된 대입 방지**

```
func main() {
  var id int = 1
  // TaskID 타입에 변환한 후에 대입하고 있으므로 문제없다.
  _ = Task{ID: TaskID(id)}
  // 빌드 오류
  // cannot use id (variable of type int) as type TaskID in struct literal
  _ = Task{ID: id}

  // 타입 추론으로 TaskID 타입의 1이 되므로 빌드 오류가 발생하지 않는다.
  _ = Task{ID: 1}
}
```

> **COLUMN** **Defined Type과 타입 추론**
>
> --
>
> 코드 17.2의 세 번째 줄인 _ = Task{ID: 1}은 빌드 오류가 발생하지 않는다. 이것은 **타입 추론**
> type inference 때문이다. 타입 추론에 의해 컴파일러가 'TaskID 타입의 ID 필드가 1로 초기화되
> 어 있으므로 1은 TaskID 타입의 1이다'라고 해석하는 것이다. 'TaskID 타입 필드가 int 타입
> 1로 초기화됐다'는 의미가 아니다.

● entity.Task의 영구 저장 방법 임시 구현

코드 17.3은 entity.Task 타입값을 영구 저장하는 임시 구현이다. store 디렉터리에
store.go라는 파일로 저장한다. 애플리케이션을 재시작하면 데이터가 사라지지만, 로직
확인을 위해서 일단 맵map에 저장하도록 한다.

Task.ID 필드는 실제 구현에서는 RDBMS에 의해 자동 증가한 값을 설정해야 하므로
TaskStore 타입에서도 내부에 할당이 끝난 ID 번호를 저장하고 있다.

```go
package store

import (
  "errors"

  "github.com/budougumi0617/go_todo_app/entity"
)

var (
  Tasks = &TaskStore{Tasks: map[entity.TaskID]*entity.Task{}}
  ErrNotFound = errors.New("not found")
)

type TaskStore struct {
  // 동작 확인용이므로 일부러 export하고 있다.
  LastID entity.TaskID
  Tasks  map[entity.TaskID]*entity.Task
}

func (ts *TaskStore) Add(t *entity.Task) (entity.TaskID, error) {
  ts.LastID++
  t.ID = ts.LastID
  ts.Tasks[t.ID] = t
  return t.ID, nil
}

func (ts *TaskStore) Get(id entity.TaskID) (*entity.Task, error) {
  if ts, ok := ts.Tasks[id]; ok {
    return ts, nil
  }
  return nil, ErrNotFound
}

// All은 정렬이 끝난 태스크 목록을 반환한다.
func (ts *TaskStore) All() entity.Tasks {
  tasks := make([]*entity.Task, len(ts.Tasks))
  for i, t := range ts.Tasks {
    tasks[i-1] = t
  }
  return tasks
}
```

헬퍼 함수를 구현하기

지금부터 작성하는 몇 개의 HTTP 핸들러에서는 응답 데이터를 JSON으로 변환해서 상태 코드와 함께 `http.ResponseWriter` 인터페이스를 충족하는 타입의 값으로 기록하는 작업을 반복하게 된다. HTTP 핸들러 구현을 공통화하기 위해 미리 **헬퍼 함수** helper function를 작성하도록 한다.

코드 17.4의 `RespondJSON` 함수는 JSON 응답을 기록하는 헬퍼 함수다. `ErrResponse` 타입은 통일된 JSON 형식을 사용해 오류 정보를 반환하기 위한 타입이다.

코드 17.4 **HTTP 핸들러 내에서 귀찮은 JSON 응답 작성을 간략화한다** (File) handler/response.go

```go
package handler

import (
  "context"
  "encoding/json"
  "fmt"
  "net/http"
)

type ErrResponse struct {
  Message string   `json:"message"`
  Details []string `json:"details,omitempty"`
}

func RespondJSON(ctx context.Context, w http.ResponseWriter, body any, status int) {
  w.Header().Set("Content-Type", "application/json; charset=utf-8")
  bodyBytes, err := json.Marshal(body)
  if err != nil {
    fmt.Printf("encode response error: %v", err)
    w.WriteHeader(http.StatusInternalServerError)
    rsp := ErrResponse{
      Message: http.StatusText(http.StatusInternalServerError),
    }
```

```
    if err := json.NewEncoder(w).Encode(rsp); err != nil {
      fmt.Printf("write error response error: %v", err)
    }
    return
  }

  w.WriteHeader(status)
  if _, err := fmt.Fprintf(w, "%s", bodyBytes); err != nil {
    fmt.Printf("write response error: %v", err)
  }
}
```

● 테스트용 헬퍼 함수 구현하기

HTTP 핸들러의 테스트에서 사용할 검증 순서도 공통 헬퍼로 작성한다. 코드 17.5는
testutil 디렉터리 아래에 저장하는 handler.go 파일에 작성한다. HTTP 핸들러의 테
스트에서 응답과 기댓값의 JSON를 비교해서 테스트 결과를 검증한다.

복잡한 JSON 구조를 문자열로 비교하면 어디에 차이가 있는지 파악하기 힘들다. 이를
위해 AssertJSON 함수에서는 JSON 문자열을 Unmarshal한 후 github.com/google/go-
cmp/cmp 패키지[168]를 사용해 차이를 비교한다. cmp.Diff 함수를 사용하면 타입값 사이
에 차이가 있는 부분만 검출할 수 있다.

코드 17.5 JSON 응답을 검증하기 위한 헬퍼 함수   (File) testutil/handler.go

```
package testutil

import (
  "encoding/json"
  "io"
  "net/http"
  "os"
  "testing"
  "github.com/google/go-cmp/cmp"
)
```

---

168 https://github.com/google/go-cmp

```go
func AssertJSON(t *testing.T, want, got []byte) {
  t.Helper()

  var jw, jg any
  if err := json.Unmarshal(want, &jw); err != nil {
    t.Fatalf("cannot unmarshal want %q: %v", want, err)
  }
  if err := json.Unmarshal(got, &jg); err != nil {
    t.Fatalf("cannot unmarshal got %q: %v", got, err)
  }
  if diff := cmp.Diff(jg, jw); diff != "" {
    t.Errorf("got differs: (-got +want)\n%s", diff)
  }
}

func AssertResponse(t *testing.T, got *http.Response, status int, body []byte) {
  t.Helper()
  t.Cleanup(func() { _ = got.Body.Close() })
  gb, err := io.ReadAll(got.Body)
  if err != nil {
    t.Fatal(err)
  }
  if got.StatusCode != status {
    t.Fatalf("want status %d, but got %d, body: %q", status, got.StatusCode, gb)
  }

  if len(gb) == 0 && len(body) == 0 {
    // 어느 쪽이든 응답 바디가 없으므로 AssertJSON을 호출할 필요가 없다.
    return
  }
  AssertJSON(t, body, gb)
}
```

testutil/handler.go 파일에 코드 17.6의 LoadFile 함수도 handler.go 파일에 정의해
둔다. 이것은 뒤에서 설명할 **골든 테스트**golden test에서 사용한다.

코드 17.6 입력값, 기댓값을 파일에서 읽어온다

```go
func LoadFile(t *testing.T, path string) []byte {
  t.Helper()

  bt, err := os.ReadFile(path)
  if err != nil {
    t.Fatalf("cannot read from %q: %v", path, err)
  }
  return bt
}
```

067 태스크를 등록하는 엔드포인트 구현

ToDo 애플리케이션에 태스크를 등록하는 HTTP 핸들러를 구현해보도록 하겠다. 이 HTTP 핸들러는 다음과 같은 용도를 전제로 한다.

- POST /task로 오는 요청을 처리한다.
- 태스크 타이틀을 포함한 JSON 요청 바디를 반드시 지정해야 한다.
- 태스크가 성공적으로 등록되면 해당 태스크의 ID를 응답 바디로 반환한다.

코드 17.7은 handler 디렉터리에 작성한 add_task.go 파일이다. AddTask 타입은 http.HandlerFunc 타입을 충족하는 ServeHTTP 메서드를 구현한다. 요청 처리가 정상 완료된 경우 RespondJSON을 사용해 JSON 응답을 반환하고 있다. 오류가 발생한 경우는 ErrResponse 타입에 정보를 포함시켜서 RespondJSON을 사용해 JSON 응답을 반환한다.

코드 17.7 handler/add_task.go에 태스크를 추가하는 처리 구현

```go
package handler

import (
  "encoding/json"
  "net/http"
  "time"

  "github.com/budougumi0617/go_todo_app/entity"
  "github.com/budougumi0617/go_todo_app/store"
  "github.com/go-playground/validator/v10"
)

type AddTask struct {
  Store     *store.TaskStore
  Validator *validator.Validate
}
```

```go
func (at *AddTask) ServeHTTP(w http.ResponseWriter, r *http.Request) {
  ctx := r.Context()
  var b struct {
    Title string `json:"title" validate:"required"`
  }
  if err := json.NewDecoder(r.Body).Decode(&b); err != nil {
    RespondJSON(ctx, w, &ErrResponse{
      Message: err.Error(),
    }, http.StatusInternalServerError)
    return
  }
  if err := at.Validator.Struct(b); err != nil {
    RespondJSON(ctx, w, &ErrResponse{
      Message: err.Error(),
    }, http.StatusBadRequest)
    return
  }

  t := &entity.Task{
    Title:   b.Title,
    Status:  "todo",
    Created: time.Now(),
  }
  id, err := store.Tasks.Add(t)
  if err != nil {
    RespondJSON(ctx, w, &ErrResponse{
      Message: err.Error(),
    }, http.StatusInternalServerError)
    return
  }
  rsp := struct {
    ID int `json:"id"`
  }{ID: int(id)}
  RespondJSON(ctx, w, rsp, http.StatusOK)
}
```

● 요청 바디 검증

이 HTTP 핸들러에서는 태스크 타이틀을 포함한 JSON 요청 바디를 필수로 요구하고 있다. 요청 바디 내용을 검증하기 위해서 요청 바디를 Unmarshal한 타입의 값에 대해 if문을 반복해서 검증하는 방법도 있다. 하지만 JSON 구조가 방대하거나 JSON의 각 필드 조건이 복잡한 경우 JSON 검증만으로도 많은 로직을 작성해야 하고, 경우에 따라서는 로직을 작성하지 않아 놓치는 필드도 나올 수 있다.

이런 경우 자주 사용하는 것이 github.com/go-playground/validator 패키지[169]다. 이 패키지는 Unmarshal한 타입에 validate이라는 키를 태그로 사용해 해당 필드의 검증 조건을 설정할 수 있다. 설정한 조건은 *validator.ValidateStruct 메서드로 검증할 수 있다. 정의 완료된 조건[170]도 다수 있으며 'IP 주소로 유효한가', '전화번호로 유효한가' 등의 검증도 간단히 정의할 수 있다.

코드 17.7에서는 태스크 타이틀이 필수이므로 Title string 'json: "title" validate: "required"'라고 설정하고 있다.

---

169 https://github.com/go-playground/validator
170 https://github.com/go-playground/validator#baked-in-validations

068 테이블 주도 테스트와 골든 테스트를 조합한 테스트 코드

코드 17.7를 테스트하는 코드가 코드 17.8이다. TestAddTask 함수는 httptest 패키지를 사용해 HTTP 핸들러에 요청을 보내서 테스트한다. tests 변수로 여러 개의 테스트 데이터를 선언하고 t.Run 메서드로 서브 테스트를 실행하고 있다. 여러 개의 입력 및 기댓값을 조합해서 공통화된 실행 순서로 테스트하는 패턴을 Go에서는 **테이블 주도 테스트**table driven test[171]라고 부른다.[172]

코드 17.6에서 구현한 testutil.LoadFile 함수를 사용해 파일로부터 JSON를 읽고 이를 입출력 데이터로 사용한다. 이렇게 테스트 입력값이나 기댓값을 파일에 저장한 테스트를 골든 테스트라고 한다. Go 언어 자체를 테스트할 때도 사용된다. 테스트 코드와 별도로 저장하는 데이터는 *.json.golden이라는 파일명으로 저장하는 것이 일반적이다. 이 파일 확장자가 .golden이기 때문에 **골든 테스트**golden test라고 부른다.

원래 기사[173]에서는 **VCR 테스트**[174]처럼 테스트 대상이 변경될 때마다 파일 내용을 변경하는 처리도 포함돼 있다.

코드 17.8 파일을 사용한 입출력 검증　　　　　　(File) _chapter17/section68/handler/add_task_test.go

```go
package handler

import (
  "bytes"
  "net/http"
```

171　https://go.dev/wiki/TableDrivenTests
172　파이썬 등 다른 프로그래밍 언어에도 비슷한 기법이 있으며 파라미터화 테스트(parameterized test)라고 한다.
173　https://medium.com/soon-london/testing-with-golden-files-in-go-7fccc71c43d3
174　요청과 그에 대한 실제 응답을 저장해서 테스트의 입력값과 기댓값으로 사용하는 방식이다. 루비에서 파생된 테스트 기법이다. 요청과 응답 저장을 비디오 녹화(video cassette recorder, VCR)로 비유하고 있다. https://github.com/vcr/vcr

```go
    "net/http/httptest"
    "testing"

    "github.com/budougumi0617/go_todo_app/entity"
    "github.com/budougumi0617/go_todo_app/store"
    "github.com/budougumi0617/go_todo_app/testutil"
    "github.com/go-playground/validator/v10"
)

func TestAddTask(t *testing.T) {
    type want struct {
        status  int
        rspFile string
    }
    tests := map[string]struct {
        reqFile string
        want    want
    }{
        "ok": {
            reqFile: "testdata/add_task/ok_req.json.golden",
            want: want{
                status:  http.StatusOK,
                rspFile: "testdata/add_task/ok_rsp.json.golden",
            },
        },
        "badRequest": {
            reqFile: "testdata/add_task/bad_req.json.golden",
            want: want{
                status:  http.StatusBadRequest,
                rspFile: "testdata/add_task/bad_rsp.json.golden",
            },
        },
    }
    for n, tt := range tests {
        tt := tt
        t.Run(n, func(t *testing.T) {
            t.Parallel()

            w := httptest.NewRecorder()
            r := httptest.NewRequest(
                http.MethodPost,
                "/tasks",
                bytes.NewReader(testutil.LoadFile(t, tt.reqFile)),
```

```
    )

    sut := AddTask{Store: &store.TaskStore{
      Tasks: map[entity.TaskID]*entity.Task{},
    }, Validator: validator.New()}
    sut.ServeHTTP(w, r)

    resp := w.Result()
    testutil.AssertResponse(t,
      resp, tt.want.status, testutil.LoadFile(t, tt.want.rspFile),
    )
  })
  }
}
```

코드 17.9 골든 테스트에서 사용하는 JSON 파일 내용 ⬭File _chapter17/section68/handler/testdata/add_task/

```
// handler/testdata/add_task/ok_req.json.golden 내용
{
  "title": "Implement a handler"
}


// handler/testdata/add_task/ok_rsp.json.golden 내용
{
  "id": 1
}


// handler/testdata/add_task/bad_req.json.golden 내용
{
  "title": "Implement a handler"
}


// handler/testdata/add_task/bad_rsp.json.golden 내용
{
  "message": "Key: 'Title' Error:Field validation for 'Title' failed on the
'required' tag"
}
```

*.golden 파일 처리

골든 파일 사용 시 문제는 IDE가 *.golden이라는 파일 확장자를 적절히 해석하지 못한다는 것이다. 이 문제는 IDE 설정을 통해 해결할 수 있다.

GoLand 등의 JetBrains 계열 IDE는 *.json.golden이라는 파일 확장자를 등록해두면 JSON 파일로 인식한다. 이를 통해 *.json.golden이라는 파일명에도 불구하고 IDE에서 JSON 데이터의 형식이나 **구문 강조**syntax highlight 등의 기능을 사용할 수 있다.

069 태스크 목록을 반환하는 엔드포인트 구현

태스크 목록을 응답으로 반환하는 HTTP 핸들러로 ListTask 타입을 구현한다. 이 핸들러는 다음을 전제로 한다.

- GET /tasks로 오는 요청을 처리한다.
- 등록이 끝난 모든 태스크의 목록을 반환한다.

handler/list_task.go로 구현한 것이 코드 17.10이다.[175] store.TaskStore 타입에 저장된 *entity.Task 타입값을 모두 응답으로 반환한다.

코드 17.10 태스크 목록을 반환하는 HTTP 핸들러 구현　　　(File) _chapter17/section70/handler/list_task.go

```go
package handler

import (
  "net/http"

  "github.com/budougumi0617/go_todo_app/entity"
  "github.com/budougumi0617/go_todo_app/store"
)

type ListTask struct {
  Store *store.TaskStore
}

type task struct {
  ID     entity.TaskID     `json:"id"`
  Title  string            `json:"title"`
  Status entity.TaskStatus `json:"status"`
}

func (lt *ListTask) ServeHTTP(w http.ResponseWriter, r *http.Request) {
```

---

[175] 테스트 코드는 예제 코드의 리포지터리를 참고하자.

```
ctx := r.Context()
tasks := lt.Store.All()
rsp := []task{}
for _, t := range tasks {
  rsp = append(rsp, task{
    ID:     t.ID,
    Title:  t.Title,
    Status: t.Status,
  })
}
RespondJSON(ctx, w, rsp, http.StatusOK)
}
```

070 HTTP 핸들러를 라우팅으로 설정하기

지금까지 구현한 AddTask 타입과 ListTask 타입의 HTTP 핸들러를 HTTP 서버의 엔드포인트로 설정한다.

여기서 문제가 되는 것은 표준 패키지인 http.ServeMux 타입의 라우팅 설정이 쉽지 않다는 것이다. http.ServeMux 타입을 사용한 라우팅의 경우 다음과 같이 정의하는 것이 어렵다.[176]

- /users/10처럼 URL에 포함된 경로 파라미터의 해석
- GET /users와 POST /users같이 HTTP 메서드의 차이에 의한 다른 HTTP 핸들러 구현

이런 이유로 오픈소스를 이용해서 라우팅을 구현하도록 한다.

● github.com/go-chi/chi를 사용한 유연한 라우팅 설정

Go에는 라우팅 기능만 제공하는 오픈소스가 몇 가지 있다. 이 책에서는 net/http 패키지 타입 정의를 따르는 github.com/go-chi/chi 패키지[177]를 사용한다. 사전에 go get -u github.com/go-chi/chi/v5를 실행해두자.

코드 17.11은 mux.go 파일에 구현한 NewMux 함수를 github.com/go-chi/chi 패키지를 사용해 재구현한 것이다. chi.NewRouter 함수에서 얻을 수 있는 *chi.Mux 타입값은 http.Handler 인터페이스를 충족하므로 NewMux 함수의 시그니처를 변경하지 않고 내부 구현을 변경할 수 있다. AddTask 타입과 ListTask 타입값에서 영구화 정보를 공유하므로 초기화 시 store.Tasks를 전달한다.

---

176 불가능한 것은 아니지만 매우 번거로운 요청 경로를 구현해야 한다.
177 https://github.com/go-chi/chi

*chi.Mux.Post 메서드나 *chi.Mux.Get 메서드는 첫 번째 인수와 HTTP 메서드를 조합한 요청을 http.HandleFunc 타입값으로 처리한다. AddTask 타입과 ListTask 타입의 ServeHTTP 메서드는 http.HandleFunc 타입과 시그니처가 일치하므로 *chi.Mux 타입값의 각 메서드에서 사용할 수 있다.

코드 17.11 **github.com/go-chi/chi 패키지를 사용한 NewMux 함수 재구현**　(File) _chapter17/section70/mux.go

```go
package main

import (
  "net/http"

  "github.com/budougumi0617/go_todo_app/handler"
  "github.com/budougumi0617/go_todo_app/store"
  "github.com/go-chi/chi/v5"
  "github.com/go-playground/validator/v10"
)

func NewMux() http.Handler {
  mux := chi.NewRouter()
  mux.HandleFunc("/health", func(w http.ResponseWriter, r *http.Request) {
    w.Header().Set("Content-Type", "application/json; charset=utf-8")
    _, _ = w.Write([]byte(`{"status": "ok"}`))
  })
  v := validator.New()
  mux.Handle("/tasks", &handler.AddTask{Store: store.Tasks, Validator: v})
  at := &handler.AddTask{Store: store.Tasks, Validator: v}
  mux.Post("/tasks", at.ServeHTTP)
  lt := &handler.ListTask{Store: store.Tasks}
  mux.Get("/tasks", lt.ServeHTTP)
  return mux
}
```

071 동작 검증

마지막으로 curl 명령을 사용해 동작을 확인하자. 테스트용 입력 파일을 요청 바디에 사용하면 테스트 코드와 동일한 조건으로 동작을 확인할 수 있다. GET /tasks와 POST /tasks에 반복적으로 요청을 보내서 태스크가 저장되는 것을 확인하자.

코드 17.12 동작 확인

```
$ curl -i -XGET localhost:18000/tasks
HTTP/1.1 200 OK
Content-Type: application/json; charset=utf-8
Date: Mon, 30 May 2022 02:27:46 GMT
Content-Length: 2

[]%
$ curl -i -XPOST localhost:18000/tasks -d @./handler/testdata/add_task/ok_req.
json.golden
HTTP/1.1 200 OK
Content-Type: application/json; charset=utf-8
Date: Mon, 30 May 2022 02:27:54 GMT
Content-Length: 8

{"id":1}%
$ curl -i -XPOST localhost:18000/tasks -d @./handler/testdata/add_task/bad_req.
json.golden
HTTP/1.1 400 Bad Request
Content-Type: application/json; charset=utf-8
Date: Mon, 30 May 2022 02:28:02 GMT
Content-Length: 90

{"message":"Key: 'Title' Error:Field validation for 'Title' failed on the
'required' tag"}%
$ curl -i -XGET localhost:18000/tasks
HTTP/1.1 200 OK
Content-Type: application/json; charset=utf-8
Date: Mon, 30 May 2022 02:28:06 GMT
Content-Length: 56
```

```
[{"id":1,"title":"Implement a handler","status":"todo"}]%
```

● 정리

이번 장에서는 태스크를 추가하는 HTTP 핸들러를 구현했다. 이를 위해 JSON을 사용하는 API를 구현하고 테스트 코드 예를 살펴보았다. 구체적으로는 다음과 같은 내용을 학습했다.

- JSON 객체를 받는 엔드포인트를 구현했다.
- 요청을 통해 전송된 JSON 객체를 검증하는 로직을 구현했다.
- **Defined type**을 사용해 잘못된 값을 사용하지 않도록 구현했다.
- 몇 가지 테스트 헬퍼를 구현했다.
- 입력이나 기댓값을 파일로 저장하는 골든 테스트를 구현했다.

경량 오픈소스 툴을 조합해서 유연한 라우팅이나 JSON 검증을 구현할 수 있다. 또한, 간단한 테스트 헬퍼 함수와 맵, 슬라이스 등을 조합해서 효율적인 테스트 케이스를 작성할 수 있다.

18

RDBMS를 사용한
데이터베이스 처리
구현하기

*Web Application Development
in Go Programming Language*

앞장에서 구현한 HTTP 핸들러는 데이터를 인메모리에 저장하는 간단한 구현이었다. 이번 장에서는 RDBMS를 사용해 데이터를 영구적으로 저장하도록 변경한다. 이 책에서는 MySQL을 RDBMS로 사용한다.

072 MySQL 실행 환경 구축

RDBMS를 구현하기 전에 **MySQL** 컨테이너를 실행해서 실제 동작 확인을 할 수 있는 환경을 준비하도록 한다.

● 테이블 정의와 마이그레이션 방법 결정

테이블 정의는 미리 준비해둔 코드 18.1을 _tools/mysql/schema.sql이라는 파일로 저장해둔다. task 테이블은 앞 장에서 구현한 `entity.Task` 타입에 해당하는 테이블이다. 이 장의 후반부에서 구현하는 로그인 사용자의 영구적 저장을 위해 user 테이블도 정의한다.

참고로 Go는 언더스코어(_)로 시작하는 디렉터리 및 testdata 디렉터리는 패키지로 인식하지 않는다.

코드 18.1 user 테이블과 task 테이블　　　　　　　　　　　(File) _tools/mysql/schema.sql

```sql
CREATE TABLE `user`
(
    `id`       BIGINT UNSIGNED NOT NULL AUTO_INCREMENT COMMENT '사용자 식별자',
    `name`     varchar(20) NOT NULL COMMENT '사용자명',
    `password` VARCHAR(80) NOT NULL COMMENT '패스워드 해시',
    `role`     VARCHAR(80) NOT NULL COMMENT '역할',
    `created`  DATETIME(6) NOT NULL COMMENT '레코드 작성 시간',
    `modified` DATETIME(6) NOT NULL COMMENT '레코드 수정 시간',
    PRIMARY KEY (`id`),
    UNIQUE KEY `uix_name` (`name`) USING BTREE
) Engine=InnoDB DEFAULT CHARSET=utf8mb4 COMMENT='사용자';

CREATE TABLE `task`
(
    `id`       BIGINT UNSIGNED NOT NULL AUTO_INCREMENT COMMENT '태스크 식별자',
    `title`    VARCHAR(128) NOT NULL COMMENT '태스크 타이틀',
```

```
    `status`   VARCHAR(20)  NOT NULL COMMENT '태스크 상태',
    `created`  DATETIME(6) NOT NULL COMMENT '레코드 작성 시간',
    `modified` DATETIME(6) NOT NULL COMMENT '레코드 수정 시간',
    PRIMARY KEY (`id`)
) Engine=InnoDB DEFAULT CHARSET=utf8mb4 COMMENT='태스크';
```

● 마이그레이션 툴

실무에서는 한 번 정의한 테이블을 계속 사용하는 경우는 드물다. 기능 확장이나 오류 수정 등의 이유로 마이그레이션migration을 진행한다.

웹 애플리케이션 프레임워크를 사용하는 경우는 해당 프레임워크의 표준 마이그레이션 툴을 사용하기도 한다. Go에서는 표준 패키지나 Go 자체 내에 RDBMS 마이그레이션 을 관리하는 기능이 없으므로 오픈소스를 사용하게 된다.

이 책에서는 마이그레이션 툴로 github.com/k0kubun/sqldef 패키지의 MySQL용 명 령인 mysqldef를 사용한다.[178] 이 패키지는 적용하고 싶은 DDL 파일과 RDBMS에 구축 된 기존 테이블 정의의 차이를 인식해서 자동으로 변경용 DDL문을 작성 및 실행해준 다. 따라서 마이그레이션 시마다 DDL 파일을 작성할 필요가 없다.

github.com/k0kubun/sqldef 패키지의 mysqldef 명령은 Go용 툴이므로 go install 명령으로 설치할 수 있다.

코드 18.2 go install 명령 실행

```
$ go install github.com/k0kubun/sqldef/cmd/mysqldef@latest
```

---

178 https://github.com/k0kubun/sqldef

● 로컬에서 MySQL 컨테이너 실행하기

다음은 도커 구성기를 사용해서 로컬에서 MySQL 컨테이너를 실행해본다.

먼저 코드 18.3의 _tools/mysql/conf.d/mysql.cnf 파일과 _tools/mysql/conf.d/mysqld.cnf 파일을 준비한다. 다음은 앞에서 작성한 docker-compose.yml을 코드 18.4와 같이 수정한다. 애플리케이션이 환경 변수로부터 MySQL 컨테이너의 접속 정보를 가져오도록 app 서비스의 environment에 TODO_DB_HOST라는 MySQL 컨테이너 접속 정보를 정의한다.

코드 18.4의 정의에서는 volumes에 정의한 todo-db-data에 데이터를 영구적으로 저장하기 때문에, docker compose down 명령으로 컨테이너를 정지하더라도 데이터를 계속 유지하거나 재사용할 수 있다.

코드 18.3 MySQL 컨테이너용 설정 파일　　　　　　　　　　　　　　　　(File) _tools/mysql

```
// _tools/mysql/conf.d/mysql.cnf
[mysql]
default_character_set=utf8mb4

// _tools/mysql/conf.d/mysqld.cnf
[mysqld]
default-authentication-plugin=mysql_native_password
character_set_server=utf8mb4
sql_mode=TRADITIONAL,NO_AUTO_VALUE_ON_ZERO,ONLY_FULL_GROUP_BY
```

코드 18.4 MySQL 컨테이너 설정을 추가한 docker-compose.yml의 수정 내용　　(File) docker-compose.yml

```
        TODO_ENV: dev
        PORT: 8080
+       TODO_DB_HOST: todo-db
+       TODO_DB_PORT: 3306
+       TODO_DB_USER: todo
+       TODO_DB_PASSWORD: todo
+       TODO_DB_NAME: todo
    volumes:
      - .:/app
    ports:
```

```
      - "18000:8080"
+   todo-db:
+     image: mysql:8.0.29
+     platform: linux/amd64
+     container_name: todo-db
+     environment:
+       MYSQL_ALLOW_EMPTY_PASSWORD: "yes"
+       MYSQL_USER: todo
+       MYSQL_PASSWORD: todo
+       MYSQL_DATABASE: todo
+     volumes:
+       - todo-db-data:/var/lib/mysql
+       - $PWD/_tools/mysql/conf.d:/etc/mysql/conf.d:cached
+     ports:
+       - "33306:3306"
+volumes:
+   todo-db-data:
```

로컬의 MySQL 컨테이너에 마이그레이션 실시

make down 명령을 실행한 후 make up 명령을 실행하면 새로운 MySQL 컨테이너가 실행된다.

코드 18.5 새로운 MySQL 컨테이너 실행

```
$ make up
docker compose up -d
[+] Running 4/4
 ∷ Network go_todo_app_default           Crea...          0.0s
 ∷ Volume "go_todo_app_todo-db-data" Created              0.0s
 ∷ Container todo-db                     Started          0.3s
 ∷ Container go_todo_app-app-1           Star...          0.5s
```

make migrate 명령을 실행해서 마이그레이션을 실시한다.[179]

---

179 https://github.com/budougumi0617/go_todo_app/blob/v1.0.7/Makefile

코드 18.6 make migrate 명령 실행

```
$ make migrate
mysqldef -u todo -p todo -h 127.0.0.1 -P 33306 todo < ./_tools/mysql/schema.sql
-- Apply --
CREATE TABLE `user`
(
    `id`       BIGINT UNSIGNED NOT NULL AUTO_INCREMENT COMMENT '사용자 식별자',
    `name`     VARCHAR(20) NOT NULL COMMENT '사용자명',
    `password` VARCHAR(80) NOT NULL COMMENT '패스워드 해시',
    `role`     VARCHAR(80) NOT NULL COMMENT '역할',
    `created`  DATETIME(6) NOT NULL COMMENT '레코드 작성 시간',
    `modified` DATETIME(6) NOT NULL COMMENT '레코드 수정 시간',
    PRIMARY KEY (`id`),
    UNIQUE KEY `uix_name` (`name`) USING BTREE
) Engine=InnoDB DEFAULT CHARSET=utf8mb4 COMMENT='사용자';
CREATE TABLE `task`
(
    `id`       BIGINT UNSIGNED NOT NULL AUTO_INCREMENT COMMENT '태스크 식별자',
    `title`    VARCHAR(128) NOT NULL COMMENT '태스크 타이틀',
    `status`   VARCHAR(20)  NOT NULL COMMENT '태스크 상태',
    `created`  DATETIME(6) NOT NULL COMMENT '레코드 작성 시간',
    `modified` DATETIME(6) NOT NULL COMMENT '레코드 수정 시간',
    PRIMARY KEY (`id`)
) Engine=InnoDB DEFAULT CHARSET=utf8mb4 COMMENT='태스크';
```

비어 있는 DB에 마이그레이션을 적용하면 로컬에 준비한 DDL 정의 그대로 실행된다. 주석을 변경하는 등 약간 수정한 후 make dry-migrate 명령을 실행하면 마이그레이션용 DDL이 생성되는 것을 확인할 수 있다.[180]

코드 18.7 make dry-migrate 명령 실행

```
$ make dry-migrate
mysqldef -u todo -p todo -h 127.0.0.1 -P 33306 todo --dry-run < ./_tools/mysql/
schema.sql
-- dry run --
ALTER TABLE `user` CHANGE COLUMN `name` `name` varchar(20) NOT NULL COMMENT '사용
자의 이름';
```

---

180 https://github.com/budougumi0617/go_todo_app/blob/v1.0.7/Makefile

● 깃허브 액션에서 MySQL 컨테이너 실행하기

다음은 자동 테스트에서도 실제 RDBMS을 사용한 테스트 코드를 실행하기 위해 깃허브 액션에서 MySQL 컨테이너를 실행한다. 깃허브 액션에서는 **서비스 컨테이너**라는 방법으로 CI/CD 워크플로에서 필요한 미들웨어 컨테이너를 실행할 수 있다.[181]

자동 테스트용 워크플로(.github/workflows/test.yml)에서 로컬과 동일하게 MySQL 컨테이너를 실행하기 위한 설정이 코드 18.8이다. 워크플로 시작 시에 `service`의 `image`에서 지정한 MySQL 컨테이너를 실행한다. 로컬의 docker-compose.yml 파일과 마찬가지로 `ports`로 설정한 포트 번호를 사용해 접속할 수 있다. `options`에 지정한 명령은 MySQL 컨테이너가 사용할 수 있게 될 때까지 단계별 대기 시간을 지정한 것이다. 로컬과 동일하게 `sqldef` 명령으로 테이블을 정의하는 단계도 추가하고 있다.

코드 18.8 자동 테스트용 워크플로에서 MySQL 컨테이너를 실행한다   (File) .github/workflows/test.yml

```
  jobs:
    test:
      runs-on: ubuntu-latest
+     services:
+       mysql:
+         image: mysql:8
+         options: >-
+           --health-cmd "mysqladmin ping -h localhost"
+           --health-interval 20s
+           --health-timeout 10s
+           --health-retries 10
+         ports:
+           - 3306:3306
+         env:
+           MYSQL_ALLOW_EMPTY_PASSWORD: yes
+           MYSQL_DATABASE: todo
+           MYSQL_USER: todo
+           MYSQL_PASSWORD: todo
      steps:
        - uses: actions/setup-go@v3
```

---

181 https://docs.github.com/ko/actions/using-containerized-services/creating-postgresql-service-containers

```
    with:
      go-version: '>=1.18'
  - uses: actions/checkout@v3
+ - run: |
+     go install github.com/k0kubun/sqldef/cmd/mysqldef@latest
+     mysqldef -u todo -p todo -h 127.0.0.1 -P 3306 todo < ./_tools/mysql/schema.sql
  - run: go test ./... -coverprofile=coverage.out
  - name: report coverage
    uses: k1LoW/octocov-action@v0
```

이상으로 로컬과 깃허브 액션의 자동 테스트용 워크플로에 테이블을 정의한 MySQL 컨테이너 설정을 마쳤다. 다음 절부터는 실제로 MySQL에 데이터를 저장하기 위한 처리를 구현한다.

073 RDBMS 처리 구현

간이로 구현한 `store` 패키지에 MySQL을 사용한 영구 저장 처리를 추가한다. 표준 패키지, 준표준 패키지를 사용한 구현 예를 제시하는 것이 이 책의 방침이지만 **RDBMS**(관계형 데이터베이스 관리 시스템)relational database management system 처리에는 `github.com/jmoiron/sqlx` 패키지를 사용한다.[182]

● database/sql 및 github.com/jmoiron/sqlx 패키지 비교

표준 패키지인 **database/sql** 패키지를 사용한 경우 데이터베이스에서 읽어온 레코드 정보를 구조체로 매핑하는 구현을 매번 해야 한다.

예를 들어 database/sql 패키지를 사용해서 `task` 테이블에 저장된 태스크 정보를 모두 불러오는 구현은 코드 18.9와 같다. `*sql.DB.QueryContext` 메서드를 실행한 후, 한 줄씩 그 결과를 구조체로 읽는 처리가 필요하다. `*sql.Rows.Scan` 메서드에서는 SQL 쿼리로 얻은 컬럼column 순서대로 구조체 필드를 나열해야 하는 등 구현 시 실수가 발생할 수도 있다.

코드 18.9 database/sql을 사용해서 얻은 복수의 레코드를 슬라이스한다

```
func (r *Repository) ListTasks(
  ctx context.Context, db *sql.DB,
) (entity.Tasks, error) {
  sql := `SELECT
      id, title,
      status, created, modified
    FROM task;`
  rows, err := db.QueryContext(ctx, sql)
```

---

[182] https://github.com/jmoiron/sqlx

```
    if err != nil {
      return nil, err
    }
    defer rows.Close()
    var tasks entity.Tasks
    for rows.Next() {
      t := &entity.Task{}
      if err := rows.Scan(
        &(t.ID), &(t.Title),
        &(t.Status), &(t.Created), &(t.Modified),
      ); err != nil {
        return nil, err
      }
      tasks = append(tasks, t)
    }
    return tasks, nil
}
```

반면, github.com/jmoiron/sqlx 패키지를 사용해서 구현한 것이 코드 18.10이다. 이 패키지를 사용할 때는 코드 18.11에 있는 것처럼 구조체의 각 필드에 태그를 사용해서 테이블의 컬럼명에 해당하는 메타데이터를 설정한다.

태그를 설정해두면 SQL 쿼리를 실행하는 구현 부분에서는 구조체를 초기화하지 않아도 돼서 코드가 간결해진다.

코드 18.10 **github.com/jmoiron/sqlx를 사용해서 얻은 복수의 레코드를 슬라이스한다**

```
func (r *Repository) ListTasks(
  ctx context.Context, db *sqlx.DB,
) (entity.Tasks, error) {
  tasks := entity.Tasks{}
  sql := `SELECT
        id, user_id, title,
        status, created, modified
      FROM task;`
  if err := db.SelectContext(ctx, &tasks, sql); err != nil {
    return nil, err
  }
  return tasks, nil
}
```

코드 18.11 **구조체의 태그에 db 키를 사용해 쿼리 결과와 매핑한다**

```
type Task struct {
  ID       TaskID     `json:"id" db:"id"`
  Title    string     `json:"title" db:"title"`
  Status   TaskStatus `json:"status" db:"status"`
  Created  time.Time  `json:"created" db:"created"`
  Modified time.Time  `json:"modified" db:"modified"`
}
```

코드가 간결해지고 표준 패키지에 가까운 인터페이스를 제공하므로 이 책에서는 github.com/jmoiron/sqlx 패키지를 사용해서 구현하도록 한다. entity/task.go에 정의한 entity.Task 타입의 각 필드도 코드 18.11과 같이 db 태그를 붙이도록 하자.

● 환경 변수로부터 접속 정보 읽기

config/config.go 파일의 config 타입 정의에 docker-compose.yml에서 정의한 MySQL 접속용 환경 변수를 필드를 추가한다.

코드 18.12 **MySQL 접속 정보도 환경 변수로부터 읽는다**　　　　　(File) config/config.go

```
type Config struct {
  Env        string `env:"TODO_ENV" envDefault:"dev"`
  Port       int    `env:"PORT" envDefault:"80"`
  DBHost     string `env:"TODO_DB_HOST" envDefault:"127.0.0.1"`
  DBPort     int    `env:"TODO_DB_PORT" envDefault:"33306"`
  DBUser     string `env:"TODO_DB_USER" envDefault:"todo"`
  DBPassword string `env:"TODO_DB_PASSWORD" envDefault:"todo"`
  DBName     string `env:"TODO_DB_NAME" envDefault:"todo"`
}
```

● 데이터베이스 연결

먼저 store/repository.go 파일을 작성하고 config.Config 타입을 사용해서 RDBMS에 접속하는 함수를 코드 18.13과 같이 구현한다. sql.Open 함수는 접속 확인은 하지 않으므로 명시적으로 *sql.DB.PingContext 메서드를 사용해서 연결됐는지 확인하고 있다.

접속 옵션에는 몇 가지가 있으며 parseTime=true를 지정하지 않으면 time.Time 타입 필드에 맞는 시각 정보가 저장되지 않으므로 주의하자.

*sql.DB 타입값은 RDBMS 사용 종료 후에는 *sql.DB.Close 메서드를 호출해서 연결을 해제할 필요가 있다. New 함수 안에서는 애플리케이션 종료 시점에 맞춰서 *sql.DB.close 메서드를 호출하는 구조를 만들 수 없다. New 함수를 호출한 곳에서 처리를 종료할 수 있도록 반환값으로 *sql.DB.Close 메서드를 실행하는 익명 함수를 반환한다.

코드 18.13 설정 정보로부터 DB에 접속한다[183] (File) store/repository.go

```go
package store

import (
  "context"
  "database/sql"
  "errors"
  "fmt"
  "time"

  "github.com/budougumi0617/go_todo_app/config"
  _ "github.com/go-sql-driver/mysql"
  "github.com/jmoiron/sqlx"
)

func New(ctx context.Context, cfg *config.Config) (*sqlx.DB, func(), error) {
  // sqlx.Connect를 사용하면 내부에서 ping한다.
  db, err := sql.Open("mysql",
    fmt.Sprintf(
      "%s:%s@tcp(%s:%d)/%s?parseTime=true",
      cfg.DBUser, cfg.DBPassword,
      cfg.DBHost, cfg.DBPort,
      cfg.DBName,
    ),
  )
  if err != nil {
```

---

183 fmt.Sprint 함수를 사용하여 sql.Open 함수에 전달하는 연결 문자열을 생성하지만, MySQL에 연결할 때는 go-sql-driver의 Config.FormatDSN 메서드를 사용할 수 있다. https://pkg.go.dev/github.com/go-sql-driver/mysql#Config.FormatDSN

```
    return nil, func() {}, err
  }
  // Open은 실제로 접속 테스트는 하지 않는다.
  ctx, cancel := context.WithTimeout(ctx, 2*time.Second)
  defer cancel()
  if err := db.PingContext(ctx); err != nil {
    return nil, func() { _ = db.Close() }, err
  }
  xdb := sqlx.NewDb(db, "mysql")
  return xdb, func() { _ = db.Close() }, nil
}
```

● 인터페이스와 Repository 타입 정의

store/repository.go 파일에 코드 18.14를 추가해서 인터페이스 경유로 실행할 수 있게 해둔다. 각각의 정의는 명칭과 같이 참조 계열의 주요 메서드만 모은 Queryer 인터페이스와 읽기 계열의 메서드만 모은 Execer 인터페이스 등을 정의한다. _Beginner = (*sqlx.DB)(nil) 등은 인터페이스가 실제 타입의 시그니처와 일치하는지 확인하는 코드다.

만약 메서드명이나 인수에 차이가 있는 경우는 빌드 오류로 감지할 수 있다. *sqlx.DB 타입값이나 *sqlx.Tx 타입값을 인터페이스의 인수로 받을 수 있게 하면 테스트 코드에서는 연결이나 트랜잭션으로 목mock을 받을 수 있다.

또한, 애플리케이션 코드 측면에서도, 이 메서드의 인수는 Queryer 인터페이스이므로 MySQL의 데이터를 변경하는 경우는 없을 것임을 알 수 있어 코드 해석도 쉬워진다. 참고로 *sqlx.DB 타입값을 인수로 받는 것보다 Execer 인터페이스를 인수로 받아야 *sqlx.Tx 타입값(외부에서 BEGIN된 트랜잭션)을 받을 수 있다.

코드 18.14 repository.go에 선언한 github.com/jmoiron/sqlx 인터페이스   ⓕile store/repository.go

```
type Beginner interface {
  BeginTx(ctx context.Context, opts *sql.TxOptions) (*sql.Tx, error)
}
```

```go
type Preparer interface {
  PreparexContext(ctx context.Context, query string) (*sqlx.Stmt, error)
}

type Execer interface {
  ExecContext(ctx context.Context, query string, args ...any) (sql.Result, error)
  NamedExecContext(ctx context.Context, query string, arg interface{}) (sql.
Result, error)
}

type Queryer interface {
  Preparer
  QueryxContext(ctx context.Context, query string, args ...any) (*sqlx.Rows, error)
  QueryRowxContext(ctx context.Context, query string, args ...any) *sqlx.Row
  GetContext(ctx context.Context, dest interface{}, query string, args ...any) error
  SelectContext(ctx context.Context, dest interface{}, query string, args ...any) error
}


var (
  // 인터페이스가 기대한 대로 선언돼 있는지 확인
  _ Beginner = (*sqlx.DB)(nil)
  _ Preparer = (*sqlx.DB)(nil)
  _ Queryer  = (*sqlx.DB)(nil)
  _ Execer   = (*sqlx.DB)(nil)
  _ Execer   = (*sqlx.Tx)(nil)
)

type Repository struct {
  Clocker clock.Clocker
}
```

마지막으로 Repository 타입을 정의하도록 한다. 이제부터 구현하는 RDBMS을 사용한 모든 영구 저장 처리는 Repository 타입 메서드로 구현한다. 동일 타입의 메서드로 구현하는 이유는 다음과 같다.

- 여러 테이블을 하나의 타입 메서드로 처리할 수 있다.
- 의존성 주입을 사용하는 경우 하나의 타입으로 통일해야 쉽게 처리할 수 있다.

● clock 패키지 정의

Repository 타입의 Clocker 필드는 SQL 실행 시에 사용하는 시간 정보를 제어하기 위한 것으로 clock.Clocker 인터페이스다. 데이터베이스 처리를 할 때에 시간 정보를 고정하는 것이 목적이다.

Go의 time.Time 타입은 나노초 단위의 시간 정밀도를 가지고 있어서, 영구 저장한 데이터를 읽어서 비교하면 대부분의 경우 시간 정보가 불일치한다. 또한, 현재 시간의 변화가 테스트 결과에 영향을 줄 수도 있는데 이런 문제들을 해결하도록 도와준다.

clock.Clocker 인터페이스를 충족하는 구현은 애플리케이션에서 실제로 사용하는 time.Now 함수의 래퍼wrapper인 RealClocker 타입과 테스트용 고정 시간을 반환하는 FixecClocker 타입 두 가지다.

코드 18.15 clock 패키지 구현　　　　　　　　　　　　　　(File) clock/clock.go

```go
package clock

import (
  "time"
)

type Clocker interface {
  Now() time.Time
}

type RealClocker struct{}

func (r RealClocker) Now() time.Time {
  return time.Now()
}

type FixedClocker struct{}

func (fc FixedClocker) Now() time.Time {
  return time.Date(2022, 5, 10, 12, 34, 56, 0, time.UTC)
}
```

● 모든 태스크를 불러오는 메서드

task 테이블 처리는 store/task.go 파일에 구현한다.

먼저 *entity.Task 타입값을 모두 불러오는 ListTasks를 구현한다. 참조 계열 메서드이므로 인수로 Queryer 인터페이스를 충족하는 타입의 값을 받는다. SelectContext 메서드는 여러 레코드를 불러와서 각 레코드를 하나씩 구조체에 대입한 슬라이스를 반환해준다. github.com/jmoiron/sqlx 패키지의 확장 메서드이기도 하다.

코드 18.16 **RDBMS로부터 태스크를 가져오는 메서드**   (File) store/task.go

```go
func (r *Repository) ListTasks(
  ctx context.Context, db Queryer,
) (entity.Tasks, error) {
  tasks := entity.Tasks{}
  sql := `SELECT
      id, title,
      status, created, modified
    FROM task;`
  if err := db.SelectContext(ctx, &tasks, sql); err != nil {
    return nil, err
  }
  return tasks, nil
}
```

● 태스크를 저장하는 메서드

태스크를 저장하는 처리가 코드 18.17이며, store/task.go 파일에 구현한다. RDBMS에 INSERT를 실행하므로 두 번째 인수는 Execer 인터페이스를 사용한다.

database/sql 패키지(와 그 확장 버전인 github.com/jmoiron/sqlx 패키지)는 MySQL에서 ExecContext 메서드를 실행한 경우, 첫 번째 반환값인 sql.Result 인터페이스 타입의 LastInsertId 메서드가 발행한 ID를 얻을 수 있다. AddTask 메서드는 인수로 지정한 *entity.Task 타입값의 ID 필드를 변경하면, 호출한 곳으로 발행된 ID를 전달한다.

```go
func (r *Repository) AddTask(
  ctx context.Context, db Execer, t *entity.Task,
) error {
  t.Created = r.Clocker.Now()
  t.Modified = r.Clocker.Now()
  sql := `INSERT INTO task
    (title, status, created, modified)
  VALUES (?, ?, ?, ?)`
  result, err := db.ExecContext(
    ctx, sql, t.Title, t.Status,
    t.Created, t.Modified,
  )
  if err != nil {
    return err
  }
  id, err := result.LastInsertId()
  if err != nil {
    return err
  }
  t.ID = entity.TaskID(id)
  return nil
}
```

074 RDBMS 관련 기능을 테스트하기 위한 코드 구현

앞서 구현한 두 개의 메서드를 위한 테스트 코드를 작성한다. 여기선 테스트에서도 RDBMS를 사용해 실제로 쿼리를 실행하는 테스트 기법과 RDBMS를 사용하지 않고 **목**mock을 통해 쿼리를 검증하는 테스트 기법을 소개한다.

● 실행 환경에 따라 접속 정보를 변경하는 테스트 헬퍼 함수

실제 테스트 코드 구현에 들어가기 전에 실제 DB를 사용해서 테스트하기 위해 **테스트 헬퍼 함수**를 만든다. 테스트 코드를 로컬 환경이나 깃허브 액션에서 실행하려면 환경 별로 다른 MySQL 접속 정보가 필요하다.

다음과 같은 이유로 환경 변수로부터 접속 정보를 읽는 것이 아니라 코드 내에 하드 코딩된 정보를 환경에 따라 바꿔가며 사용하도록 헬퍼 함수를 작성한다.

- 로컬 환경은 docker-compose.yml에서 접속 정보를 고정하고 있다.
- 깃허브 액션의 접속 정보도 깃허브 액션의 정의 파일 내에 고정돼 있다.
- 테스트를 실행하기 위해 고정된 접속 정보를 환경 변수로부터 읽는 것은 비효율적이다.

코드 18.18은 테스트용으로 *sqlx.DB 타입값을 얻는 함수다. testutil/db.go 파일에 구현한다. CI 환경 변수는 깃허브 액션에만 정의돼 있다고 가정하고 있다. 지금까지 준비한 로컬 환경이나 깃허브 액션 환경에서는 포트 번호만 다르므로 여기서도 포트 번호만 변경하고 있다.

코드 18.18 실행 중인 환경에 따라서 접속 위치를 변경한다   (File) _chapter18/section74/testutil/db.go

```
package testutil

import (
  "database/sql"
```

```
  "fmt"
  "os"
  "testing"

  _ "github.com/go-sql-driver/mysql"
  "github.com/jmoiron/sqlx"
)

func OpenDBForTest(t *testing.T) *sqlx.DB {
  port := 33306
  if _, defined := os.LookupEnv("CI"); defined {
    port = 3306
  }
  db, err := sql.Open(
    "mysql",
    fmt.Sprintf("todo:todo@tcp(127.0.0.1:%d)/todo?parseTime=true", port),
  )
  if err != nil {
    t.Fatal(err)
  }
  t.Cleanup(
    func() { _ = db.Close() },
  )
  return sqlx.NewDb(db, "mysql")
}
```

● 실제 RDBMS를 사용해 테스트하기

실제 RDBMS를 사용해서 `ListTasks` 메서드를 테스트하는 코드가 코드 18.19다. store/task_test.go라는 파일명으로 저장한다. `prepareTasks` 함수는 task 테이블의 상태를 관리하는 헬퍼 함수로 코드 18.20이 이를 구현한 것이다.

`ListTasks` 메서드는 task 테이블에 있는 모든 레코드를 불러오므로 다른 테스트 케이스에 의해 레코드가 추가되는 경우 반환되는 `*entity.Task` 타입값의 수가 변할 수 있다. 이를 위해 이번 테스트 케이스에서는 RDBMS 트랜잭션 기능을 사용해 테스트 코드에만 한정된 테이블 상태를 만들어내고 있다.

```go
package store

import (
  "context"
  "testing"

  "github.com/DATA-DOG/go-sqlmock"
  "github.com/budougumi0617/go_todo_app/clock"
  "github.com/budougumi0617/go_todo_app/entity"
  "github.com/budougumi0617/go_todo_app/testutil"
  "github.com/google/go-cmp/cmp"
  "github.com/jmoiron/sqlx"
)

func TestRepository_ListTasks(t *testing.T) {
  ctx := context.Background()
  // entity.Task를 작성하는 다른 테스트 케이스와 섞이면 테스트가 실패한다.
  // 이를 위해 트랜잭션을 적용해서 테스트 케이스 내로 한정된 테이블 상태를 만든다.
  tx, err := testutil.OpenDBForTest(t).BeginTxx(ctx, nil)
  // 이 테스트 케이스가 끝나면 원래 상태로 되돌린다.
  t.Cleanup(func() { _ = tx.Rollback() })
  if err != nil {
    t.Fatal(err)
  }
  wants := prepareTasks(ctx, t, tx)

  sut := &Repository{}
  gots, err := sut.ListTasks(ctx, tx)
  if err != nil {
    t.Fatalf("unexpected error: %v", err)
  }
  if d := cmp.Diff(gots, wants); len(d) != 0 {
    t.Errorf("differs: (-got +want)\n%s", d)
  }
}
```

코드 18.20은 task 테이블의 상태를 관리하는 테스트 헬퍼 함수다. 한 번 테이블의 레코드를 삭제한 후 이 테스트에서 필요한 세 개의 레코드를 추가한다. TestRepository_ListTasks에서 시작한 트랜잭션을 닫고 있으므로 다른 테스트 케이스에는 영향을 주지 않는다.

이 테스트 헬퍼 함수에서는 1회의 INSERT 문으로 세 개의 레코드를 추가하고 있다. 여러 레코드를 만든 경우 sql.Result.LastInsertId 메서드의 반환값인 ID는 MySQL에서는 첫 번째 레코드의 ID(발행된 ID 중에서 가장 작은 ID)가 되므로 주의가 필요하다.

코드 18.20 미리 몇 가지 태스크를 등록해둔다   `File` _chapter18/section74/store/task_test.go

```go
func prepareTasks(ctx context.Context, t *testing.T, con Execer) entity.Tasks {
  t.Helper()
  // 깨끗한 상태로 정리해둔다.
  if _, err := con.ExecContext(ctx, "DELETE FROM task;"); err != nil {
    t.Logf("failed to initialize task: %v", err)
  }
  c := clock.FixedClocker{}
  wants := entity.Tasks{
    {
      Title: "want task 1", Status: "todo",
      Created: c.Now(), Modified: c.Now(),
    },
    {
      Title: "want task 2", Status: "todo",
      Created: c.Now(), Modified: c.Now(),
    },
    {
      Title: "want task 3", Status: "done",
      Created: c.Now(), Modified: c.Now(),
    },
  }
  result, err := con.ExecContext(ctx,
    `INSERT INTO task (title, status, created, modified)
      VALUES
          (?, ?, ?, ?),
          (?, ?, ?, ?),
          (?, ?, ?, ?);`,
    wants[0].Title, wants[0].Status, wants[0].Created, wants[0].Modified,
    wants[1].Title, wants[1].Status, wants[1].Created, wants[1].Modified,
    wants[2].Title, wants[2].Status, wants[2].Created, wants[2].Modified,
  )
  if err != nil {
    t.Fatal(err)
```

```
  }
  id, err := result.LastInsertId()
  if err != nil {
    t.Fatal(err)
  }
  wants[0].ID = entity.TaskID(id)
  wants[1].ID = entity.TaskID(id + 1)
  wants[2].ID = entity.TaskID(id + 2)
  return wants
}
```

● 목을 사용해 테스트하기

단위 테스트에 해당하는 테스트 코드에 RDBMS에 의존하는 테스트 코드를 작성하고
싶지 않은 경우, github.com/DATA-DOG/go-sqlmock 패키지를 사용하면 좋다.[184]

코드 18.21 go get 명령 실행

```
$ go get -u github.com/DATA-DOG/go-sqlmock
```

이 패키지를 사용하면 테스트 대상 메서드가 발행한 SQL 쿼리를 검증할 수 있다. 트랜
잭션을 사용한 구현인 경우 COMMIT/ROLLBACK이 예상한 대로 실행됐는지도 검증할 수
있다.

github.com/DATA-DOG/go-sqlmock 패키지를 설치한 후, 코드 18.22을 참고로 store/
task_test.go 파일에 AddTask 메서드용 테스트 코드를 추가하자.

기댓값으로 목mock에 설정하는 SQL 쿼리는 특정 기호를 사용하므로 이스케이프escape
가 필요하다. 또한, 해당 SQL 쿼리가 구문적으로 문제가 없는지까지는 검증해 주지 않
으니 주의하자.

---

184 https://github.com/DATA-DOG/go-sqlmock

코드 18.22 github.com/DATA-DOG/go-sqlmock을 사용한 RDBMS를 사용하지 않은 테스트

File chapter18/section74/store/task_test.go

```go
func TestRepository_AddTask(t *testing.T) {
  t.Parallel()
  ctx := context.Background()

  c := clock.FixedClocker{}
  var wantID int64 = 20
  okTask := &entity.Task{
    Title:    "ok task",
    Status:   "todo",
    Created:  c.Now(),
    Modified: c.Now(),
  }

  db, mock, err := sqlmock.New()
  if err != nil {
    t.Fatal(err)
  }
  t.Cleanup(func() { _ = db.Close() })
  mock.ExpectExec(
    // 이스케이프 필요
    `INSERT INTO task \(title, status, created, modified\) VALUES \(\?, \?, \?, \?\)`,
  ).WithArgs(okTask.Title, okTask.Status, okTask.Created, okTask.Modified).
    WillReturnResult(sqlmock.NewResult(wantID, 1))

  xdb := sqlx.NewDb(db, "mysql")
  r := &Repository{Clocker: c}
  if err := r.AddTask(ctx, xdb, okTask); err != nil {
    t.Errorf("want no error, but got %v", err)
  }
}
```

● 정리

RDBMS을 사용해서 데이터를 영구 저장하는 구현은 웹 애플리케이션 개발에서 필수다. 이번 장에서는 다음과 같은 기법을 학습했다.

- 로컬 환경과 자동 테스트 환경에서 MySQL 컨테이너를 실행했다.

- 로컬 환경과 자동 테스트 환경에서 마이그레이션 구조를 구현했다.

- `sqlx`를 사용해 MySQL용 데이터 저장, 불러오기 기능을 구현했다.

- MySQL 컨테이너를 사용해 실제로 SQL 쿼리를 실행하는 테스트 방법을 소개했다.

- 목mock을 사용해 RDBMS에 의존하지 않는 테스트 방법을 소개했다.

다음 장에서는 이 장에서 구현한 `store` 패키지를 엔드포인트에 적용한다.

19

기능별로 HTTP 핸들러 구현 분할하기

*Web Application Development
in Go Programming Language*

앞 장에서 구현한 store 패키지를 사용해서 RDBMS을 사용한 영구 저장이 가능해졌다. 하지만 store 패키지를 handler 패키지로부터 직접 호출하면 HTTP 요청 처리, 비즈니스 로직, RDBMS 처리가 밀접하게 연결돼서(강한 결합 상태) 테스트나 유지관리가 어려워진다.

이번 장에서는 먼저 강한 결합 상태에서 HTTP 핸들러를 구현해서 동작을 확인한 후, 기능별로 패키지를 분할하도록 HTTP 핸들러의 구조를 리팩터링하도록 한다.

075 HTTP 핸들러에서 RDBMS를 사용한 영구 저장 처리하기

먼저 코드 품질을 생각하지 않고 handler 패키지가 HTTP 핸들러에서 store 패키지를 호출해서 데이터를 영구 저장하도록 변경하겠다.

코드 19.1에서는 인메모리 맵으로 저장했던 handler.AddTask 구조체의 Store 필드를 삭제하고 *sql.DB 타입 필드로 store.Repository 타입 필드를 추가했다. ServeHTTP 메서드의 구현 내에서는 *store.TaskStore.Add 메서드로 인메모리에 저장했던 처리를 삭제했다.

그리고 *store.Repository.AddTask 메서드에 구현한 INSERT 문을 사용해 *sql.DB 타입값을 통해 MySQL에 데이터를 영구 저장하도록 변경했다.

코드 19.1 handler 패키지에서 store 패키지를 사용한다   (File) _chapter19/section75/handler/add_task.go

```
      "net/http"
-     "time"
      "github.com/budougumi0617/go_todo_app/entity"
      "github.com/budougumi0617/go_todo_app/store"
      "github.com/go-playground/validator/v10"
+     "github.com/jmoiron/sqlx"
 )

type AddTask struct {
-     Store     *store.TaskStore
+     DB *sqlx.DB
+     Repo *store.Repository
      Validator *validator.Validate
}

// 중략
      }

      t := &entity.Task{
```

```
-                    Title: b.Title,
-                    Status: entity.TaskStatusTodo,
-                    Created: time.Now(),
+                    Title: b.Title,
+                    Status: entity.TaskStatusTodo,
   }
-       id, err := at.Store.Add(t)
+       err := at.Repo.AddTask(ctx, at.DB, t)
// 중략

-   }{ID: id}
+   }{ID: t.ID}
    RespondJSON(ctx, w, rsp, http.StatusOK)
  }
```

handler.ListTask 타입의 변경도 마찬가지다. 코드 19.2에서도 handler.AddTask 타입
변경과 동일하게 Store 필드를 삭제하고 *sql.DB 타입 필드와 store.Repository 타입
필드를 추가했다. 그리고 ServeHTTP 메서드 내부도 MySQL로부터 태스크 목록을 가져
오도록 변경했다.

코드 19.2 handler.ListTask 타입의 수정 내용　　　(File) _chapter19/section75/handler/list_task.go

```
        "github.com/budougumi0617/go_todo_app/store"
+       "github.com/jmoiron/sqlx"
 )

 type ListTask struct {
-       Store *store.TaskStore
+       DB *sqlx.DB
+       Repo *store.Repository
 }

 type task struct {
// 중략

 func (lt *ListTask) ServeHTTP(w http.ResponseWriter, r *http.Request) {
        ctx := r.Context()
-       tasks := lt.Store.All()
+       tasks, err := lt.Repo.ListTasks(ctx, lt.DB)
+       if err != nil {
```

```
+               RespondJSON(ctx, w, &ErrResponse{
+                       Message: err.Error(),
+               }, http.StatusInternalServerError)
+               return
+       }
        rsp := []task{}
        for _, t := range tasks {
```

handler.AddTask 타입과 handler.ListTask 타입 내부 구조 변경과 함께 NewMux 함
수도 변경하고 있다. 코드 19.3은 빌드 오류를 해제한 상태의 NewMux 함수다. store.
New 함수에서 *sqlx.DB 타입값을 얻기 위해서 인수에 *config.Config 타입값 등을
추가했다. 또한 run 함수에 종료 처리를 전달하기 위해 반환값도 변경했다. *handler.
AddTask 타입과 *handler.ListTask 타입값의 초기화 시에 각 필드에 적합한 값을 대
입한다.

코드 19.3 리팩터링 후의 NewMux 함수   (File) _chapter19/section75/mux.go

```go
package main

import (
  "context"
  "net/http"

  "github.com/budougumi0617/go_todo_app/clock"
  "github.com/budougumi0617/go_todo_app/config"
  "github.com/budougumi0617/go_todo_app/handler"
  "github.com/budougumi0617/go_todo_app/store"
  "github.com/go-chi/chi/v5"
  "github.com/go-playground/validator/v10"
)

func NewMux(ctx context.Context, cfg *config.Config) (http.Handler, func(), error) {
  mux := chi.NewRouter()
  mux.HandleFunc("/health", func(w http.ResponseWriter, r *http.Request) {
    w.Header().Set("Content-Type", "application/json; charset=utf-8")
    _, _ = w.Write([]byte(`{"status": "ok"}`))
  })
  v := validator.New()
  db, cleanup, err := store.New(ctx, cfg)
```

```
  if err != nil {
    return nil, cleanup, err
  }
  r := store.Repository{Clocker: clock.RealClocker{}}
  at := &handler.AddTask{DB: db, Repo: &r, Validator: v}
  mux.Post("/tasks", at.ServeHTTP)
  lt := &handler.ListTask{DB: db, Repo: &r}
  mux.Get("/tasks", lt.ServeHTTP)
  return mux, cleanup, nil
}
```

run 함수도 NewMux 함수의 시그니처 변경과 함께 코드 19.4와 같이 변경했다. 단순한 동작 확인용인 mux_test.go는 여기서 파일 자체를 삭제한다.

코드 19.4 run 함수 변경 내용　　　　　　　　　　(File) _chapter19/section75/main.go#L28C2-L28C2

```
      }
      url := fmt.Sprintf("http://%s", l.Addr().String())
      log.Printf("start with: %v", url)
-     mux := NewMux()
+     mux, cleanup, err := NewMux(ctx, cfg)
+     // 오류가 반환돼도 cleanup 함수를 실행한다.
+     defer cleanup()
+     if err != nil {
+
+     }
      s := NewServer(l, mux)
```

모든 빌드 오류가 해결됐으므로 동작 확인을 해보겠다. 태스크를 등록하고 해당 태스크를 불러오도록 curl 명령을 실행하면 다음과 같이 MySQL에 태스크가 저장되는 것을 알 수 있다.[185]

---

[185]　(옮긴이) curl 명령을 테스트하려면, 먼저 도커 데스크톱이 실행된 상태에서 make up 명령으로 컨테이너를 생성 및 실행한다. 그리고 make migrate 명령으로 테이블을 생성해줘야 한다. 리포지터리의 예제 코드를 사용하는 경우 '_chapter19/section75'로 이동해서 명령을 실행해주면 된다. 혹 컨테이너가 존재한다는 오류가 뜨면 도커 데스크톱을 열어 실행되는 컨테이너를 모두 삭제한 후 make up 명령을 실행한다.

코드 19.5 동작 확인

```
$ curl -i -XPOST localhost:18000/tasks -d @./handler/testdata/add_task/ok_req.
json.golden
HTTP/1.1 200 OK
Content-Type: application/json; charset=utf-8
Date: Tue, 31 May 2022 05:43:37 GMT
Content-Length: 9

{"id":32}%

$ curl -i -XGET localhost:18000/tasks
HTTP/1.1 200 OK
Content-Type: application/json; charset=utf-8
Date: Tue, 31 May 2022 05:43:39 GMT
Content-Length: 113

[{"id":31,"title":"Implement a handler","status":"todo"},{"id":32,"title":
"Implement a handler","status":"todo"}]%
```

● 테스트 수정하기

RDBMS를 사용해서 데이터를 영구 저장할 수 있게 됐고, HTTP 핸들러는 다양한 종류의 처리를 할 수 있게 됐다.

- HTTP 요청으로부터 필요한 정보를 읽는다.
- HTTP 응답을 구성해서 반환한다.
- 애플리케이션 로직, 비즈니스 로직을 실행한다.
- store 패키지를 호출해서 영구 저장 처리를 한다.

이런 처리들이 강하게 결합돼 있으면 테스트 코드 작성이 어렵다. 기능을 여러 개로 분할해서 구현하면 기능 간 결합도를 떨어뜨릴 수 있다. 이 책에서는 다음 세 가지 패키지로 분할하도록 한다.

- HTTP 요청과 응답 처리를 하는 handler 패키지
- 데이터베이스 처리를 담당하는 store 패키지
- 데이터베이스 처리와 애플리케이션 로직, 비즈니스 로직을 조합해서 원하는 처리를 구현하는 service 패키지

또한, 인터페이스를 추가해서 다른 패키지의 구현 내용에 영향을 주지 않는 테스트 코드를 작성한다.

076 HTTP 핸들러 기능 분할

먼저 handler 패키지로부터 비즈니스 로직과 데이터베이스 처리를 제외시킨다. 요청 해석과 응답 구성 이외의 처리는 모두 새롭게 정의하는 인터페이스에 위임한다.

코드 19.6은 handler/service.go 파일에 정의한 handler.ListTasksService 인터페이스와 handler.AddTaskService 인터페이스 정의다. 구조체나 함수가 아닌 인터페이스를 정의하는 데는 두 가지 이유가 있다. 첫 번째는 다른 패키지에 대한 참조를 제거해서 약한 결합의 패키지를 구성하기 위해서다. 두 번째는 인터페이스를 통해서 특정 타입에 의존하지 않고 목mock으로 처리를 변경해서 테스트하기 위해서다.

코드 19.6 **handler** 패키지에 새롭게 정의한 인터페이스   (File) section78/handler/service.go

```go
package handler

import (
  "context"

  "github.com/budougumi0617/go_todo_app/entity"
)

//go:generate go run github.com/matryer/moq -out moq_test.go . ListTasksService
AddTaskService
type ListTasksService interface {
  ListTasks(ctx context.Context) (entity.Tasks, error)
}

type AddTaskService interface {
  AddTask(ctx context.Context, title string) (*entity.Task, error)
}
```

go generate 명령을 사용한 목 자동 생성

코드 19.6에 //go:generate으로 시작하는 주석이 있는 것을 눈치챈 독자도 있을 것이다. 이것은 단순한 주석이 아니라 그 뒤에 나오는 주석으로 소스 코드를 자동 생성하기 위한 것이다. 자동으로 실행되는 것은 아니며 go generate 명령에 의해 실행된다. //go:generate 뒤가 go run으로 시작하며 Go 계열 툴이라면 go install을 사용하지 않고서도 실행할 수 있다.

go run 명령을 사용하면 '항상 실행 시점에 최신 버전의 프로그램이 실행되는 문제'가 있다. 이 경우 코드 19.7과 같이 해당 툴을 import한 tools.go 파일을 정의하면 go.mod를 사용해 버전 관리를 할 수 있다. tools.go 파일에는 go:build 태그로 tools를 지정하고 있다. 따라서 빌드 태그를 지정하지 않은 애플리케이션을 빌드할 때는 무시된다.

코드 19.7 **tools.go 파일을 사용한 moq 명령 버전 고정** ⓕ **File** tools.go

```
//go:build tools

package main

import _ "github.com/matryer/moq"
```

참고로 go generate 명령에 대해선 Go 블로그[186]의 글을 참고하자.

---

186 https://go.dev/blog/generate

● github.com/matryer/moq 패키지

Go에는 github.com/golang/mock 패키지(gomock)라는 유명한 목mock 코드 자동 생성 라이브러리[187]가 존재한다. 여기서는 github.com/matryer/moq 패키지[188]와 go generate 명령을 사용해서 목mock 코드를 자동 생성하도록 한다. moq를 사용하는 이점으로는 목mock의 동작을 지정할 때에 타입을 의식해서 구현할 수 있다는 것이다. github.com/golang/mock 패키지를 사용해서 생성한 목mock은 동작을 설정할 때에 인수가 any의 **세터**setter를 사용한다. 타입을 제대로 활용할 수 없고 구현 실수를 유발하기 쉬운 것이 단점이다.

moq에 대해 더 알고 싶다면 'Meet Moq: Easily mock interfaces in Go'라는 글[189]을 참고하도록 하자.

---

187 https://github.com/golang/mock
188 https://github.com/matryer/moq
189 https://medium.com/@matryer/meet-moq-easily-mock-interfaces-in-go-476444187d10

078 목 코드 자동 생성

먼저 Makefile에 코드 19.8과 같이 명령을 등록한다.

코드 19.8 프로젝트 내에서 지정한 자동 생성문을 일괄 실행하는 명령 〔File〕 Makefile

```
generate: ## Generate codes
go generate ./...
```

코드 19.7과 같이 구현한 tools.go 파일을 만든 후 go get -u github.com/matryer/moq 명령을 실행해서 go.mod 파일을 변경한다. 준비가 됐으면 make generate 명령을 실행해보자. handler/moq_test.go 파일이 자동 생성됐으면 실행 성공이다.

● handler.AddTaskService를 사용한 handler.AddTask 타입 리팩터링

테스트 코드를 수정하기 전에 먼저 handler.AddTask 타입을 리팩터링한다. 코드 19.1에서 수정했지만, AddTaskService 인터페이스를 사용하면 handler.AddTask 타입의 구현을 코드 19.9와 같이 수정할 수 있다. 비즈니스 로직이라고 할 정도의 처리는 없지만 *entity.Task 타입의 초기화 로직과 데이터베이스 처리를 AddTaskService 인터페이스 타입을 충족하는 값으로 위임하고 있다.

코드 19.9 리팩터링 전후의 handler.AddTask 타입 수정 내용 〔File〕 _chapter19/section78/handler/add_task.go

```
          "net/http"

          "github.com/budougumi0617/go_todo_app/entity"
-         "github.com/budougumi0617/go_todo_app/store"
          "github.com/go-playground/validator/v10"
-         "github.com/jmoiron/sqlx"
)
```

```
type AddTask struct {
-       DB *sqlx.DB
-       Repo store.Repository
+       Service AddTaskService
        Validator *validator.Validate
}

// 중략

            return
        }

-       t := &entity.Task{
-               Title: b.Title,
-               Status: entity.TaskStatusTodo,
-       }
-       err := at.Repo.AddTask(ctx, at.DB, t)
+       t, err := at.Service.AddTask(ctx, b.Title)
```

코드 19.10은 목_{mock}을 사용한 handler/add_task_test.go를 수정한 내용이다. **AddTask ServiceMock** 타입이 **github.com/matryer/moq** 패키지에 의해 자동 생성된 패키지다. 목_{mock}하고 싶은 메서드의 구현과 거의 동일한 시그니처의 함수를 사용하게 된다.

코드 19.10 **handler/add_task_test.go 수정**　　　(File) _chapter19/section78/handler/add_task_test.go

```
+               moq := &AddTaskServiceMock{}
+               moq.AddTaskFunc = func(
+                 ctx context.Context, title string,
+               ) (*entity.Task, error) {
+                       if tt.want.status == http.StatusOK {
+                               return &entity.Task{ID: 1}, nil
+                       }
+                       return nil, errors.New("error from mock")
+               }
            sut := AddTask{
-                   Repo: &store.TaskStore{
-                           Tasks: map[entity.TaskID]*entity.Task{},
-                   },
+                   Service: moq,
```

코드 19.11은 목_{mock}이 아닌 실제 **service** 패키지의 구현이다. **service** 디렉터리를 작성하고 service/add_task.go 파일에 저장한다.

service.AddTask 타입도 **store** 패키지의 특정 타입에 의존하지 않고 인터페이스를 의존성 주입하도록 설계돼 있다. 코드 19.12는 service/interface.go 파일에 저장한다.

코드 19.11 **service.AddTask 타입 구현**   `File` _chapter19/section78/service/add_task.go

```go
package service

import (
  "context"
  "fmt"

  "github.com/budougumi0617/go_todo_app/entity"
  "github.com/budougumi0617/go_todo_app/store"
)

type AddTask struct {
  DB    store.Execer
  Repo TaskAdder
}

func (a *AddTask) AddTask(ctx context.Context, title string) (*entity.Task, error) {
  t := &entity.Task{
    Title:  title,
    Status: entity.TaskStatusTodo,
  }
  err := a.Repo.AddTask(ctx, a.DB, t)
  if err != nil {
    return nil, fmt.Errorf("failed to register: %w", err)
  }
  return t, nil
}
```

코드 19.12 **store 패키지의 직접 참조를 피하기 위한 인터페이스**   `File` _chapter19/section78/service/interface.go

```go
package service

import (
  "context"
```

```
    "github.com/budougumi0617/go_todo_app/entity"
    "github.com/budougumi0617/go_todo_app/store"
)

// go:generate go run github.com/matryer/moq -out moq_test.go . TaskAdder TaskLister
type TaskAdder interface {
    AddTask(ctx context.Context, db store.Execer, t *entity.Task) error
}
type TaskLister interface {
    ListTasks(ctx context.Context, db store.Queryer) (entity.Tasks, error)
}
```

handler.ListTask 타입의 HTTP 핸들러에도 동일한 수정을 한다. 코드 19.13에서는
handler.ListTasksService 인터페이스에 처리를 위임한다.

코드 19.13 handler.ListTask 타입의 리팩터링 전후 내용 (File) _chapter19/section78/handler/list_task.go

```
        "net/http"

        "github.com/budougumi0617/go_todo_app/entity"
-       "github.com/budougumi0617/go_todo_app/store"
-       "github.com/jmoiron/sqlx"
 )

 type ListTask struct {
-        DB *sqlx.DB
-        Repo store.Repository
+        Service ListTasksService
 }

type task struct {
// 중략

 func (lt *ListTask) ServeHTTP(w http.ResponseWriter, r *http.Request) {
        ctx := r.Context()
-        tasks, err := lt.Repo.ListTasks(ctx, lt.DB)
+        tasks, err := lt.Service.ListTasks(ctx)
        if err != nil {
                RespondJSON(ctx, w, &ErrResponse{
                        Message: err.Error(),
```

코드 19.14는 handler/list_task_test.go에 작성한 테스트 코드의 수정 내용이다. 임시 데이터로 정의한 맵에 있던 ***entity.Task** 타입값을 목mock 반환값의 슬라이스로 사용하고 있다.

코드 19.14 handler/list_task_test.go의 수정 내용 ⓕⁱˡᵉ _chapter19/section78/handler/list_task_test.go

```
        tests := map[string]struct {
-               tasks map[entity.TaskID]*entity.Task
+               tasks []*entity.Task
                want want
        }{
                "ok": {
-                       tasks: map[entity.TaskID]*entity.Task{
-                               1: {
+                       tasks: []*entity.Task{
+                               {
                                        ID: 1,
                                        Title: "test1",
                                        Status: entity.TaskStatusTodo,
                                },
-                               2: {
+                               {
                                        ID: 2,
                                        Title: "test2",
                                        Status: entity.TaskStatusDone,
// 중략
                        },
                },
                "empty": {
-                       tasks: map[entity.TaskID]*entity.Task{},
+                       tasks: []*entity.Task{},
```

목mock 설정은 코드 19.15처럼 간단하다.

코드 19.15 handler/list_task_test.go의 수정 내용 ⓕⁱˡᵉ _chapter19/section78/handler/list_task_test.go

```
-                       sut := ListTask{Repo: &store.TaskStore{Tasks: tt.tasks}}
+                       moq := &ListTasksServiceMock{}
+                       moq.ListTasksFunc = func(ctx context.Context) (entity.
Tasks, error) {
```

```
+                              if tt.tasks != nil {
+                                      return tt.tasks, nil
+                              }
+                              return nil, errors.New("error from mock")
+                      }
+                      sut := ListTask{Service: moq}
```

코드 19.16은 handler.ListTasksService 인터페이스 타입을 충족하는 타입으로 준
비한 service.ListTask의 구현 예다. 참조 처리에만 사용하므로 구조체는 store.
Queryer 인터페이스 타입의 필드를 가진다.

코드 19.16 service.ListTask 구현 (File) _chapter19/section78/service/list_task.go

```go
package service

import (
  "context"
  "fmt"

  "github.com/budougumi0617/go_todo_app/entity"
  "github.com/budougumi0617/go_todo_app/store"
)

type ListTask struct {
  DB    store.Queryer
  Repo TaskLister
}

func (l *ListTask) ListTasks(ctx context.Context) (entity.Tasks, error) {
  ts, err := l.Repo.ListTasks(ctx, l.DB)
  if err != nil {
    return nil, fmt.Errorf("failed to list: %w", err)
  }
  return ts, nil
}
```

일련의 구현을 사용해 NewMux 함수 내의 엔드포인트 초기화 순서를 수정한 것이 코드
19.17이다.

```
// 중략
        "github.com/budougumi0617/go_todo_app/clock"
        "github.com/budougumi0617/go_todo_app/config"
        "github.com/budougumi0617/go_todo_app/handler"
+       "github.com/budougumi0617/go_todo_app/service"
        "github.com/budougumi0617/go_todo_app/store"
        "github.com/go-chi/chi/v5"
        "github.com/go-playground/validator/v10"
// 중략
                return nil, cleanup, err
        }
        r := store.Repository{Clocker: clock.RealClocker{}}
-       at := &handler.AddTask{DB: db, Repo: r, Validator: v}
+       at := &handler.AddTask{
+               Service: &service.AddTask{DB: db, Repo: &r},
+               Validator: v,
+       }
        mux.Post("/tasks", at.ServeHTTP)
-       lt := &handler.ListTask{DB: db, Repo: r}
+       lt := &handler.ListTask{
+               Service: &service.ListTask{DB: db, Repo: &r},
+       }
        mux.Get("/tasks", lt.ServeHTTP)
        return mux, cleanup, nil
}
```

이상으로 POST /tasks와 GET /tasks 엔드포인트의 HTTP 핸들러 구현을 끝냈으며 각 구현 간 결합도를 낮출 수 있었다.

079 사용자 등록 기능 작성

이 장의 마지막으로 사용자 정보를 등록하는 엔드포인트를 만들어본다. 복습의 의미로 처음부터 패키지를 나누어 구현한다. POST /register 엔드포인트의 개요는 다음과 같다. 인증 정보에 대해선 다음 장에서 설명한다.

- 사용자 등록을 위해 다음과 같은 정보를 받는다.
  - ▶ 사용자명
  - ▶ 패스워드
  - ▶ 권한(role)명
- 사용자 정보는 RDBMS에 저장한다.
- 패스워드는 해시hash화해서 저장한다

● entity 패키지 구현

먼저 인증 정보를 영구 저장하기 위한 구조체를 준비한다. github.com/jmoiron/sqlx 패키지용 db 태그를 부여하는 것 외에는 특별한 처리는 없다.

코드 19.18 **user 테이블에 맞춘 User 타입** (File) _chapter19/section79/entity/user.go

```go
package entity

import "time"

type UserID int64

type User struct {
  ID       UserID    `json:"id" db:"id"`
  Name     string    `json:"name" db:"name"`
  Password string    `json:"password" db:"password"`
  Role     string    `json:"role" db:"role"`
  Created  time.Time `json:"created" db:"created"`
```

```
  Modified time.Time `json:"modified" db:"modified"`
}
```

● handler 패키지 구현

코드 19.19는 요청을 받는 HTTP 핸들러다. 요청 바디로부터 생성한 JSON 검증이나 응답 바디 생성 등의 처리만 한다.

코드 19.19 `handler.RegisterUser` 타입 구현   ⟨File⟩ _chapter19/section79/handler/register_user.go

```go
package handler

import (
  "encoding/json"
  "net/http"

  "github.com/budougumi0617/go_todo_app/entity"
  "github.com/go-playground/validator/v10"
)

type RegisterUser struct {
  Service   RegisterUserService
  Validator *validator.Validate
}

func (ru *RegisterUser) ServeHTTP(w http.ResponseWriter, r *http.Request) {
  ctx := r.Context()
  var b struct {
    Name     string `json:"name" validate:"required"`
    Password string `json:"password" validate:"required"`
    Role     string `json:"role" validate:"required"`
  }
  if err := json.NewDecoder(r.Body).Decode(&b); err != nil {
    RespondJSON(ctx, w, &ErrResponse{
      Message: err.Error(),
    }, http.StatusInternalServerError)
    return
  }
  if err := ru.Validator.Struct(b); err != nil {
    RespondJSON(ctx, w, &ErrResponse{
```

```
        Message: err.Error(),
      }, http.StatusBadRequest)
      return
  }

  u, err := ru.Service.RegisterUser(ctx, b.Name, b.Password, b.Role)
  if err != nil {
    RespondJSON(ctx, w, &ErrResponse{
      Message: err.Error(),
    }, http.StatusInternalServerError)
    return
  }
  rsp := struct {
    ID entity.UserID `json:"id"`
  }{ID: u.ID}
  RespondJSON(ctx, w, rsp, http.StatusOK)
}
```

코드 19.20에서는 handler.RegisterUserService 인터페이스를 새롭게 정의하고 go generate 명령에 추가한다.

코드 19.20 handler 패키지에 정의한 인터페이스 (File) _chapter19/section79/handler/service.go

```
package handler

import (
  "context"
  "github.com/budougumi0617/go_todo_app/entity"
)

//go:generate go run github.com/matryer/moq -out moq_test.go . ListTasksService
AddTaskService RegisterUserService
type ListTasksService interface {
  ListTasks(ctx context.Context) (entity.Tasks, error)
}

type AddTaskService interface {
  AddTask(ctx context.Context, title string) (*entity.Task, error)
}

type RegisterUserService interface {
```

```
  RegisterUser(ctx context.Context, name, password, role string) (*entity.User, error)
}
```

● service 패키지 구현

store 패키지를 이용해서 실제 등록 데이터를 생성하는 것이 코드 19.21이다.[190]

코드 19.21 service/register_user.go 구현   (File) _chapter19/section79/service/register_user.go

```
package service

import (
    "context"
    "fmt"

    "github.com/budougumi0617/go_todo_app/entity"
    "github.com/budougumi0617/go_todo_app/store"
    "golang.org/x/crypto/bcrypt"
)

type RegisterUser struct {
    DB   store.Execer
    Repo UserRegister
}

func (r *RegisterUser) RegisterUser(
    ctx context.Context, name, password, role string,
) (*entity.User, error) {
    pw, err := bcrypt.GenerateFromPassword([]byte(password), bcrypt.DefaultCost)
    if err != nil {
        return nil, fmt.Errorf("cannot hash password: %w", err)
    }
    u := &entity.User{
        Name:     name,
        Password: string(pw),
        Role:     role,
    }
```

---

190 코드 19.21에서 사용하는 UserRegister 인터페이스 정의는 _chapter19/section79/service/interface.go 파일을
    참고하자.

```
  if err := r.Repo.RegisterUser(ctx, r.DB, u); err != nil {
    return nil, fmt.Errorf("failed to register: %w", err)
  }
  return u, nil
}
```

● store 패키지 구현

store/user.go에 코드 19.22를 작성한다. store 타입으로 RDBMS에 사용자 데이터를 저장하기 위한 처리다.

코드 19.22 사용자 정보를 user 테이블에 저장한다   (File) _chapter19/section79/store/user.go

```
package store

import (
  "context"
  "errors"
  "fmt"

  "github.com/budougumi0617/go_todo_app/entity"
  "github.com/go-sql-driver/mysql"
)

func (r *Repository) RegisterUser(ctx context.Context, db Execer, u *entity.User)
error {
  u.Created = r.Clocker.Now()
  u.Modified = r.Clocker.Now()
  sql := `INSERT INTO user (
      name, password, role, created, modified
    ) VALUES (?, ?, ?, ?, ?)`
  result, err := db.ExecContext(ctx, sql, u.Name, u.Password, u.Role, u.Created,
u.Modified)
  if err != nil {
    var mysqlErr *mysql.MySQLError
    if errors.As(err, &mysqlErr) && mysqlErr.Number == ErrCodeMySQLDuplicateEntry {
      return fmt.Errorf("cannot create same name user: %w", ErrAlreadyEntry)
    }
    return err
```

```
    }
    id, err := result.LastInsertId()
    if err != nil {
      return err
    }
    u.ID = entity.UserID(id)
    return nil
  }
```

store.ErrCodeMySQLDuplicationEntity 상수와 store.ErrAlreadyEntry 변수를 코드 19.23과 같이 store/repository.go 파일에 추가한다.

코드 19.23 store/repository.go 파일에 정의하는 범용 오류 정의 ⓕ File _chapter19/section79/store/repository.go

```
const (
  // ErrCodeMySQLDuplicateEntry는 MySQL의 데이터 중복 오류 코드
  // https://dev.mysql.com/doc/mysql-errors/8.0/en/server-error-reference.html
  // Error number: 1062; Symbol: ER_DUP_ENTRY; SQLSTATE: 23000
  ErrCodeMySQLDuplicateEntry = 1062
)

var (
  ErrAlreadyEntry = errors.New("duplicate entry")
)
```

● NewMux 함수 구현

handler 및 service, store 패키지를 선언하고 NewMux 함수에 POST /register를 추가한 것이 코드 19.24이다.

코드 19.24 POST /register 엔드포인트 추가 ⓕ File _chapter19/section79/mux.go

```
  mux.Get("/tasks", lt.ServeHTTP)
+ ru := &handler.RegisterUser{
+   Service: &service.RegisterUser{DB: db, Repo: &r},
+   Validator: v,
+ }
+ mux.Post("/register", ru.ServeHTTP)
```

POST /register 엔드포인트에 다음과 같은 요청 바디를 전송해서 ID가 반환되면 사용자가 정상적으로 등록된 것이다.

코드 19.25 **동작 확인**

```
$ curl -X POST localhost:18000/register -d '{"name": "john2", "password":"test",
"role":"user"}'
{"id":25}%
```

윈도우에서는 다음과 같이 입력하여 실행한다.

```
c:\curl -X POST localhost:18000/register -d "{\"name\": \"john2\", \"password\":
\"test\", \"role\":\"user\"}"
```

● 정리

이번 장에서는 너무 많은 기능을 가진 HTTP 핸들러를 분할해서 handler 패키지, service 패키지, store 패키지를 만들었다. 그리고 이 패키지들을 조합해서 엔드포인트를 리팩터링했다. 리팩터링 후의 구성에서는 구현하는 타입의 수는 늘어났지만, 각각의 기능을 작은 단위로 독립시킬 수 있었다.

이 장에서 구현한 내용은 다음과 같다.

- HTTP 요청으로부터 데이터를 영구 저장하는 처리를 구현했다.
- 기능을 여러 패키지로 분담시켜서 개별 패키지가 단순해졌다.
- 인터페이스를 통해 패키지들을 약하게 결합시키는 기술을 배웠다.

20

레디스와 JWT를 사용한
인증 및 권한

*Web Application Development
in Go Programming Language*

이번 장에서는 지금까지 구현한 것에 추가로 인증 및 권한 기능을 새롭게 추가한다.

081 이번 장에서 구현하는 기능

지금 현재의 애플리케이션은 다음과 같은 기능이 있다.

- 태스크를 추가한다.
- 태스크를 열람한다.
- 신규 사용자를 등록한다.

이 장에서는 새롭게 다음 기능들을 추가한다.

- 등록 완료된 사용자 정보를 사용해 액세스 토큰을 발행하는 로그인 기능
- 로그인한 사용자만 API 사용을 허가하는 기능
- 액세스 토큰에 포함된 식별 정보를 사용하는 기능
- 관리자 권한의 사용자만 접속할 수 있는 기능

이 기능들을 개발하면 다음과 같은 기술을 학습할 수 있다.

- 레디스Remote Dictionary Server, Redis를 사용한 캐시
- JSON 웹 토큰JSON Web Token, JWT을 사용한 액세스 토큰 처리
- `go:embed`를 사용한 파일 추가
- 미들웨어 패턴을 사용한 HTTP 헤더 정보의 투과적 전달 방법
- 테스트의 사전 데이터 작성을 효율화하기 위한 `fixture` 함수 활용

082 레디스 준비

이번 장에서는 발행한 액세스 토큰 관리에 레디스Redis[191]를 사용한다. 따라서 코딩하기에 앞서 개발 환경과 자동 테스트환경에 레디스를 추가하도록 한다. 각 설정의 추가 내용은 MySQL을 사용할 때 했던 것과 거의 같다.

레디스는 NoSQL 데이터베이스의 일종으로 자주 사용되는 키-값key-value 타입 인메모리 데이터베이스다. 액세스 토큰은 유효 기간이 끝나면 무효화되는 일시적인 데이터다. 따라서 RDBMS를 사용한 영구 저장은 하지 않는다.

또한, 스케일 아웃scale-out 구조로 여러 대의 애플리케이션 가상 서버나 컨테이너가 실행되고 있는 상황이나, 수 분 전과는 다른 가상 서버가 실행될 가능성이 있는 클라우드 기반에서는 요청을 처리하는 API 서버가 액세스 토큰을 발행한 서버와 같다고 전제해서는 안 된다. 가상 서버나 컨테이너는 무상태stateless여야 하므로 일시적인 데이터라도 레디스 등을 사용해서 미들웨어에서 저장하고 공유할 필요가 있다.

● 도커 구성기에서의 레디스 실행

로컬 환경에서는 도커 구성기에 레디스를 구축한다. 컨테이너 이미지를 사용하면 레디스도 도커 구성기 설정 파일에 추가만 하면 된다.

코드 20.1은 docker-compose.yml 파일의 수정 내용을 보여준다(추가 전후의 차이만 보여준다). app 서비스에는 애플리케이션이 레디스용 접속 정보를 읽기 위한 환경 변수를 추가했다. 참고로 로컬에서 실행이 완료된 레디스 프로세스와 포트 번호가 충돌하는 것을 방지하기 위해 기본 포트가 아닌 다른 포트를 지정하고 있다.

---

191 옮긴이 레디스는 요금 가장 많이 사용되는 인메모리 데이터베이스다. 메모리 기반이기 때문에 속도가 빠른 것이 특징으로 비슷한 유형으로 멤캐시디(Memcached)가 있다.

```
        TODO_DB_DATABASE: todo
+       TODO_REDIS_HOST: todo-redis
+       TODO_REDIS_PORT: 6379
    volumes:
      - .:/app
    ports:
      - "18000:8080"
    todo-db:
      image: mysql:8.0.29
      platform: linux/amd64
# 중략
      - $PWD/_tools/mysql/conf.d:/etc/mysql/conf.d:cached
    ports:
      - "33306:3306"
+ todo-redis:
+    image: "redis:latest"
+    container_name: todo-redis
+    ports:
+      - "36379:6379"
+    volumes:
+      - todo-redis-data:/data
 volumes:
   todo-db-data:
+  todo-redis-data:
```

make down 명령으로 도커 구성기로 실행했던 로컬 환경을 종료하고 make up 명령을 다시 실행해서 레디스 컨테이너가 실행되는 것을 확인하자.

코드 20.2 **레디스 컨테이너 실행**

```
$ make up
docker compose up -d
[+] Running 4/4
:: Network go_todo_app_default Created                    0.0s
:: Container todo-db          Started                     0.5s
:: Container todo-redis       Started                     0.5s
:: Container go_todo_app-app-1 Started                    0.5s
```

참고로 레디스도 메디스Medis[192] 같은 GUI 클라이언트가 존재한다. 동작 확인 등을 위해 설치해두면 편리하다.

● 깃허브 액션의 워크플로에서의 레디스 실행

깃허브 액션에서 레디스를 실행하려면 MySQL을 실행했던 때와 마찬가지로 서비스 컨테이너를 사용해야 한다.[193]

자동 테스트는 깃허브 액션의 호스트에서 직접 실행하고 있는 잡job이므로 ports를 사용해 호스트의 포트로 매핑할 필요가 있다. options는 레디스가 실행되기 전까지 잡 실행을 대기하는 명령이다.

코드 20.3 **자동 테스트용 액션에 레디스 서비스 컨테이너 정의를 추가한다**　(File) .github/workflows/test.yml

```
          MYSQL_USER: todo
          MYSQL_PASSWORD: todo
+     redis:
+       image: redis
+       options: >-
+         --health-cmd "redis-cli ping"
+         --health-interval 10s
+         --health-timeout 5s
+         --health-retries 5
+       ports:
+         - 6379:6379
    steps:
```

● 레디스를 사용하기 위한 애플리케이션 코드 준비

동작 확인을 위해서 레디스를 실행할 준비가 됐으니 레디스를 사용해 실제 데이터를 처리하는 store/kvs.go 파일을 작성한다. 레디스 클라이언트로 많이 사용되는 github.

192　https://getmedis.com/
193　https://docs.github.com/ko/actions/using-containerized-services/creating-redis-service-containers

com/go-redis/redis/v8 패키지를 go get 명령으로 설치한다.[194]

코드 20.4는 레디스 클라이언트를 사용해 레디스에 접속하는 *store.KVS 타입의 값을 구현한다. 또한, 액세스 토큰을 처리하기 위한 메서드도 정의한다.

여기서는 액세스 토큰의 ID(JWT Claim의 jti 속성)를 키로 저장하고 값에는 사용자 ID를 저장하도록 설계했다. *store.KVS.Save 메서드나 *store.KVS.Load 메서드에서는 int64 가 아닌 entity.UserID 타입을 시그니처에 사용해서 데이터 처리 오류를 방지한다.

코드 20.4 레디스를 사용해 액세스 토큰을 관리하는 키-값 저장소　　　　　(File) store/kvs.go

```go
package store

import (
  "context"
  "fmt"
  "time"

  "github.com/budougumi0617/go_todo_app/config"
  "github.com/budougumi0617/go_todo_app/entity"
  "github.com/go-redis/redis/v8"
)

func NewKVS(ctx context.Context, cfg *config.Config) (*KVS, error) {
  cli := redis.NewClient(&redis.Options{
    Addr: fmt.Sprintf("%s:%d", cfg.RedisHost, cfg.RedisPort),
  })
  if err := cli.Ping(ctx).Err(); err != nil {
    return nil, err
  }
  return &KVS{Cli: cli}, nil
}

type KVS struct {
  Cli *redis.Client
}
```

194　https://github.com/redis/go-redis

```
func (k *KVS) Save(ctx context.Context, key string, userID entity.UserID) error {
  id := int64(userID)
  return k.Cli.Set(ctx, key, id, 30*time.Minute).Err()
}

func (k *KVS) Load(ctx context.Context, key string) (entity.UserID, error) {
  id, err := k.Cli.Get(ctx, key).Int64()
  if err != nil {
    return 0, fmt.Errorf("failed to get by %q: %w", key, ErrNotFound)
  }
  return entity.UserID(id), nil
}
```

환경 변수에서 레디스 접속 정보를 읽어오므로 config.Config 타입에도 코드 20.5와 같이 RedisHost 필드와 RedisPort 필드를 추가할 필요가 있다. 기본값으로는 도커 구성기로 실행했을 때의 값을 설정하고 있다.

코드 20.5 환경 변수로부터 레디스 접속 정보를 읽는다   (File) config/config.go

```
type Config struct {
  Env        string `env:"TODO_ENV" envDefault:"dev"`
  Port       int    `env:"PORT" envDefault:"80"`
  DBHost     string `env:"TODO_DB_HOST" envDefault:"127.0.0.1"`
  DBPort     int    `env:"TODO_DB_PORT" envDefault:"33306"`
  DBUser     string `env:"TODO_DB_USER" envDefault:"todo"`
  DBPassword string `env:"TODO_DB_PASSWORD" envDefault:"todo"`
  DBName     string `env:"TODO_DB_NAME" envDefault:"todo"`
  RedisHost  string `env:"TODO_REDIS_HOST" envDefault:"127.0.0.1"`
  RedisPort  int    `env:"TODO_REDIS_PORT" envDefault:"36379"`
}
```

● KVS 타입을 위한 테스트 작성

store/kvs.go 파일에 구현한 KVS 타입 메서드를 테스트하도록 한다. 여기선 앞서 실행한 실제 레디스를 사용해서 테스트 코드를 작성한다.

테스트 환경마다 접속을 변경하는 레디스 테스트 헬퍼

testutil/db.go 파일에 작성한 **OpenDBForTest** 함수처럼 테스트 실행 환경마다 다른 레디스 접속 정보를 사용하도록 **OpenRedisForTest** 함수를 구현한다.

코드 20.6이 testutil/kvs.go 파일에 작성할 레디스 동작 확인용 테스트 헬퍼다. MySQL 테스트용으로 구현한 **OpenDBForTest**처럼 환경 변수를 확인해서 깃허브 액션이라고 판단한 경우 다른 설정 정보를 이용해서 레디스에 접속한다.

코드 20.6 로컬 환경과 CI 환경에서의 접속 방법이 다르다　　　File　testutil/kvs.go

```go
package testutil

import (
  "context"
  "fmt"
  "os"
  "testing"
  "github.com/go-redis/redis/v8"
)

func OpenRedisForTest(t *testing.T) *redis.Client {
  t.Helper()

  host := "127.0.0.1"
  port := 36379
  if _, defined := os.LookupEnv("CI"); defined {
    // https://docs.github.com/ja/actions/using-containerized-services/creating-
redis-service-containers#configuring-the-runner-job
    port = 6379
  }
  client := redis.NewClient(&redis.Options{
    Addr:     fmt.Sprintf("%s:%d", host, port),
    Password: "",
    DB:       0, // default database number
  })
  if err := client.Ping(context.Background()).Err(); err != nil {
    t.Fatalf("failed to connect redis: %s", err)
  }
  return client
}
```

KVS 타입의 각 메서드용 테스트 코드

코드 20.7는 store/kvs_test.go 파일에 구현한 *store.KVS.Save 메서드용 테스트 코드다. 실행 후는 t.Cleanup 메서드로 레디스에 저장한 데이터를 삭제한다.

TestKVS_Save 함수 이름을 키로 사용하고 있다. 같은 함수명을 사용할 수 없으므로 레디스를 사용하는 모든 테스트 케이스가 동일한 명명 규칙으로 키를 작성하면 키가 충돌하는 것을 방지할 수 있다.

코드 20.7 **store.KVS.Save 메서드용 테스트**   (File) store/kvs_test.go

```go
package store

import (
  "context"
  "errors"
  "testing"
  "time"

  "github.com/budougumi0617/go_todo_app/entity"
  "github.com/budougumi0617/go_todo_app/testutil"
)

func TestKVS_Save(t *testing.T) {
  t.Parallel()

  cli := testutil.OpenRedisForTest(t)

  sut := &KVS{Cli: cli}
  key := "TestKVS_Save"
  uid := entity.UserID(1234)
  ctx := context.Background()
  t.Cleanup(func() {
    cli.Del(ctx, key)
  })
  if err := sut.Save(ctx, key, uid); err != nil {
    t.Errorf("want no error, but got %v", err)
  }
}
```

코드 20.8은 store/kvs_test.go 파일에 추가로 구현한 *store.KVS.Load 메서드용 테스트다. TestKVS_Load 함수 안에 두 개의 테스트 케이스를 구현한다. 각각 테스트 실행 후의 검증 방법이 다르므로 테이블 처리 테스트로 구현하는 것이 아니라 t.Run 메서드를 사용해서 서브 테스트로 구현하고 있다.

서브 테스트마다 레디스 클라이언트를 작성할 필요가 없으므로 TestKVS_Load 함수 안에서 초기화한 *store.KVS 타입값을 공유하고 있다.

코드 20.8 *store.KVS.Load 메서드용 테스트   (File) store/kvs_test.go

```go
func TestKVS_Load(t *testing.T) {
  t.Parallel()

  cli := testutil.OpenRedisForTest(t)
  sut := &KVS{Cli: cli}

  t.Run("ok", func(t *testing.T) {
    t.Parallel()

    key := "TestKVS_Load_ok"
    uid := entity.UserID(1234)
    ctx := context.Background()
    cli.Set(ctx, key, int64(uid), 30*time.Minute)
    t.Cleanup(func() {
      cli.Del(ctx, key)
    })
    got, err := sut.Load(ctx, key)
    if err != nil {
      t.Fatalf("want no error, but got %v", err)
    }
    if got != uid {
      t.Errorf("want %d, but got %d", uid, got)
    }
  })

  t.Run("notFound", func(t *testing.T) {
    t.Parallel()

    key := "TestKVS_Save_notFound"
    ctx := context.Background()
```

```
      got, err := sut.Load(ctx, key)
      if err == nil || !errors.Is(err, ErrNotFound) {
        t.Errorf("want %v, but got %v(value = %d)", ErrNotFound, err, got)
      }
    })
  }
```

테스트 케이스 구현이 끝났으면 go test -v ./... 명령으로 테스트가 성공하는지 확인하고 PR을 작성해서 깃허브 액션에서도 레디스가 실행되고 테스트가 성공하는 것을 확인하자.

083 JWT의 서명 준비

이번 장에서는 **JWT**를 **액세스 토큰**으로 사용한다. 액세스 토큰은 **비밀키**와 **공개키**를 이용한 RS256 형식의 서명을 한다. 이를 위한 두 개의 키를 작성해보자.

● openssl 명령 준비

macOS에서 공개키와 비밀키를 작성하려면 openssl 명령을 설치해야 한다. brew 명령을 사용할 수 있다면 다음과 같은 순서로 최신 openssl 명령을 설치할 수 있다.[195]

코드 20.9 openssl 명령 설치

```
$ brew install openssl
$ echo 'export PATH="/opt/homebrew/opt/openssl@3/bin:$PATH"' >> ~/.zshrc
$ source ~/.zshrc
$ openssl version
OpenSSL 3.0.3 3 May 2022 (Library: OpenSSL 3.0.3 3 May 2022)
```

● 비밀키와 공개키 생성

openssl 명령을 설치했다면 검증용 키를 간단히 작성할 수 있다. 다음 명령을 실행해서 비밀키와 공개키 쌍을 생성한다.

코드 20.10 비밀키와 공개키 쌍 생성

```
$ openssl genrsa 4096 > secret.pem
$ openssl rsa -pubout < secret.pem > public.pem
```

---

195 [옮긴이] 윈도우의 경우 가장 쉬운 방법은 깃(Git)을 설치해서 함께 제공되는 openssl을 사용하는 것이다. 보통은 다음 디렉터리에 있다. 혹 설치가 어렵다면 비밀키와 공개키를 예제 폴더의 /auth/cert 폴더에 키가 있으니 사용하면 된다(C:\Program Files\Git\usr\bin\openssl.exe).

작성한 secret.pem과 public.pem은 auth/cert 디렉터리에 저장해둔다. 레디스와 키 준비가 끝났으니 JWT를 사용한 액세스 토큰 생성 처리를 구현하겠다.

084 JWT를 사용한 액세스 토큰 작성

로그인을 성공했을 때 발행하는 액세스 토큰으로 JWT를 사용한다. JWT 생성에는 github.com/lestrrat-go/jwx 패키지[196]와 github.com/google/uuid 패키지[197]를 사용한다 이 패키지들을 먼저 설치해두자.

코드 20.11 go get 명령 실행

```
$ go get github.com/lestrrat-go/jwx/v2
$ go get github.com/google/uuid
```

● JWT에 대해

JWT_{JSON web token}는 Base64URL로 인코딩된 JSON을 사용해 양자간 정보를 교환하는 수단이다. 이 사양은 RFC7519[198]에 정의돼 있다.

실제로 사용할 때는 토큰 자체가 변조되는 것을 방지하기 위해 JWT를 서명해서 교환하게 된다. 이를 위해 JWT는 서명 및 암호화와 관련된 사양을 사용하며[199] 이를 통칭해서 JOSE_{JSON Object Signing and Encryption}이라고 부른다.

서명에 사용하는 알고리즘에는 몇 가지가 있으며, 여기서는 비밀키와 공통키를 사용하는 RS256 형식을 도입한다. 참고로 JOSE 전체에 대해 알고 싶다면 github.com/lestrrat-go/jwt 패키지에 있는 문서[200]를 읽어 볼 것을 추천한다. 또한, Auth0[201]가 작

---

196 https://github.com/lestrrat-go/jwx
197 https://github.com/google/uuid
198 https://datatracker.ietf.org/doc/html/rfc7519
199 JWS (JSON Web Signatures), JWE (JSON Web Encryption), JWK (JSON Web Key)
200 https://github.com/lestrrat-go/jwx/blob/v2.0.2/docs/00-anatomy.md
201 https://auth0.com/

성한 jwt.io[202]도 참고하면 좋다.

● go:embed를 사용한 파일 첨부하기

auth/jwt.go 파일을 작성해서 액세스 토큰 처리를 구현해보겠다.

먼저 앞서 생성한 auth/cert/public.pem과 auth/cert/secret.pem 파일 내부에 Go가 접근할 수 있도록 만든다. 쉽게 파일을 열어서 읽는 os.ReadFile 함수를 활용한 방법을 떠올릴 수도 있다. 하지만 파일을 읽는 방식으로 구현하면 실행 바이너리 외에도 해당 파일을 적절한 경로에 배포해야 한다. 이 방식으로는 Go의 장점 중 하나인 단일 바이너리로 실행한다는 것을 활용할 수가 없다.

이 문제를 해결해주는 것이 go:embed 디렉티브를 사용해 실행 바이너리 안에 파일을 첨부하는 것이다. 이전부터 오픈소스로 go:embed 디렉티브에 준하는 기능을 제공했지만, Go 1.16부터는 표준 패키지로 제공한다.[203]

코드 20.12는 go:embed 디렉티브를 사용해 auth/cert/public.pem과 auth/cert/secret.pem 파일을 두 개의 변수에 첨부하는 코드다. go:embed 디렉티브에서는 auth/jwt.go 파일이 auth/cert/public.pem 등을 참조하므로 경로를 지정하고 있다. embed 패키지의 import가 필요하므로 빈 임포트를 사용해 embed 패키지를 불러오고 있다.

코드 20.12 go:embed 디렉티브를 사용한 파일 첨부   (File) auth/jwt.go

```
package auth

import (
  _ "embed"
)

// go:embed cert/secret.pem
var rawPrivKey []byte
```

---

202 https://jwt.io/
203 https://go.dev/doc/go1.16

```
// go:embed cert/public.pem
var rawPubKey []byte
```

동작 확인용 테스트 코드가 auth/jwt_test.go 파일로 작성한 코드 20.13의 TestEmbed
함수다. rawPrivKey 변수 등은 초기화되지 않은 것처럼 보일 수도 있지만, 키 데이터가
대입돼 있어서 테스트 케이스가 성공한다.

코드 20.13 go:embed 디렉티브 동작 확인　　　　　　　　　(File) auth/jwt_test.go

```
package auth

import (
  "bytes"
  "testing"
)

func TestEmbed(t *testing.T) {
  want := []byte("-----BEGIN PUBLIC KEY-----")
  if !bytes.Contains(rawPubKey, want) {
    t.Errorf("want %s, but got %s", want, rawPubKey)
  }
  want = []byte("-----BEGIN PRIVATE KEY-----")
  if !bytes.Contains(rawPrivKey, want) {
    t.Errorf("want %s, but got %s", want, rawPrivKey)
  }
}
```

go:embed 디렉티브를 사용해 키 파일 내용을 실행 바이너리에 첨부할 수 있었다. 다음
은 이전과 동일하게 go build 명령을 사용해 생성한 단일 바이너리를 실행 환경에 배치
만 하면 배포가 완료된다.

참고로 이 책에서는 실습을 위해 키 파일을 그대로 배치해서 깃허브 리포지터리에도
커밋했지만, 실무에서는 비밀키를 리포지터리에 포함해선 안 된다. 또한, 실제 개발 환경
과 프로덕션 환경에서는 다른 키 파일을 사용해야 한다.

Go 1.18에서는 go:embed 디렉티브는 환경 변수 등을 사용해 지정한 파일명을 변경할 수 없다. 따라서 실제 배포에서는 배포 파이프라인에 go build 명령을 실행하기 전 단계에 해당 환경의 키 파일을 지정 경로에 배치하는 과정을 추가해야 한다.

● JWTer 구조체 선언

go:embed 디렉티브에 의해 Go 코드로부터 키 파일에 접근할 수 있게 됐다. 하지만 지금 상태에서는 키 파일도 단지 바이트 배열에 불과하다. 파일을 읽어 '키'로서 데이터를 구축할 필요가 있다. 즉, 요청을 처리할 때마다 동일 내용의 바이트 배열에서 키를 작성할 필요가 있다. 이를 위해 애플리케이션 실행 시에 키로 읽은 데이터를 저장할 auth.JWTer 타입을 auth/jwt.go 파일에 정의한다.

auth.JWTer 타입에는 작성한 JWT를 키-값 저장소에 저장하는 auth.Store 인터페이스 필드도 정의한다.

코드 20.14 **JWTer 구조체와 초기화 함수 정의**   　(File) auth/jwt.go

```
type JWTer struct {
  PrivateKey, PublicKey jwk.Key
  Store                 Store
  Clocker               clock.Clocker
}

// go:generate go run github.com/matryer/moq -out moq_test.go . Store
type Store interface {
  Save(ctx context.Context, key string, userID entity.UserID) error
  Load(ctx context.Context, key string) (entity.UserID, error)
}

func NewJWTer(s Store, c clock.Clocker) (*JWTer, error) {
  j := &JWTer{Store: s}
  privkey, err := parse(rawPrivKey)
  if err != nil {
    return nil, fmt.Errorf("failed in NewJWTer: private key: %w", err)
  }
  pubkey, err := parse(rawPubKey)
  if err != nil {
```

```
    return nil, fmt.Errorf("failed in NewJWTer: public key: %w", err)
  }
  j.PrivateKey = privkey
  j.PublicKey = pubkey
  j.Clocker = c
  return j, nil
}

func parse(rawKey []byte) (jwk.Key, error) {
  key, err := jwk.ParseKey(rawKey, jwk.WithPEM(true))
  if err != nil {
    return nil, err
  }
  return key, nil
}
```

parse 함수에서는 github.com/lestrrat-go/jwx/v2/jwk 패키지의 jwk.ParseKey 함수를 사용해 키 정보가 포함된 바이너리 배열로부터 github.com/lestrrat-go/jwx 패키지에서 사용할 수 있는 jwk.Key 인터페이스를 충족하는 값을 가져온다.

JWTer.Store 필드는 NewJWTer 함수 외부에서 DI하는 구조로 만들어둔다. JWT에는 발행 시간 등을 넣는 항목이 있어서 JWTer.Clocker 필드를 사용하면 시간 정보를 처리할 수 있다.

구현이 끝났다면 make generate 명령을 사용해 Store 인터페이스의 목mock 코드를 자동 생성해둔다.

● JWT를 발행하는 GenerationToken 메서드 구현

키와 github.com/lestrrat-go/jwx/v2/jwt 패키지를 사용해서 서명이 끝난 JWT를 작성하는 *auth.JWTer.GereateToken 메서드를 구현한 것이 코드 20.15이다. 인수로 지정한 사용자(entity.User 타입값)에 대해 JWT를 발행한다.

구현에서는 먼저 github.com/lestrrat-go/jwx/v2/jwt 패키지가 제공하는 빌더builder 패턴을 사용해 JWT를 구성한다. JWT 발행 시간과 유효 기간은 *auth.JWTer.Clocker

필드를 사용해 설정하므로 외부에서 시간을 변경할 수 있게 해둔다.

JWT를 식별하기 위한 jti에는 JwtID 메서드를 구현해서 github.com/google/uuid 패키지의 New 함수로 생성한 UUID를 설정하고 있다. 또한, 자체 ID를 auth.Store.Save 메서드로 레디스에 저장해 둠으로써 발행한 JWT를 애플리케이션에서 관리한다.

마지막으로 github.com/lestrrat0go/jwx/v2/jwt 패키지의 Sign 함수와 비밀키 정보로 JWT에 서명해서 토큰 문자열을 생성한다.

코드 20.15 **JWT를 발행하면 GenerateToken 메서드 구현**   (File) auth/jwt.go

```go
const (
  RoleKey     = "role"
  UserNameKey = "user_name"
)

func (j *JWTer) GenerateToken(ctx context.Context, u entity.User) ([]byte, error) {
  tok, err := jwt.NewBuilder().
    JwtID(uuid.New().String()).
    Issuer(`github.com/budougumi0617/go_todo_app`).
    Subject("access_token").
    IssuedAt(j.Clocker.Now()).
    Expiration(j.Clocker.Now().Add(30*time.Minute)).
    Claim(RoleKey, u.Role).
    Claim(UserNameKey, u.Name).
    Build()
  if err != nil {
    return nil, fmt.Errorf("GenerateToken: failed to build token: %w", err)
  }
  if err := j.Store.Save(ctx, tok.JwtID(), u.ID); err != nil {
    return nil, err
  }

  signed, err := jwt.Sign(tok, jwt.WithKey(jwa.RS256, j.PrivateKey))
  if err != nil {
    return nil, err
  }
  return signed, nil
}
```

fixture 함수 구현

GenerateToken 메서드용 테스트 코드를 작성하기 전에 fixture를 작성하는 테스트 헬퍼를 구현한다. 픽스처란 테스트 코드에서 필요로 하는 더미의 사전 데이터다.

여러 테스트 코드에서 사전에 작성해야 하는 타입이 다수의 필드를 가지는 경우, 사전 데이터 작성만으로도 코드양이 늘어난다. 또한, 구조체 필드가 늘거나 줄면 모든 테스트 코드의 사전 데이터 선언을 관리하는 것도 많은 수고를 필요로 한다. 이를 위해 테스트 헬퍼로 더미 데이터 생성 함수를 만들어 두면 애플리케이션 코드 기반이 커져도 관리가 수월해진다.

코드 20.16은 각 필드에 유효한 값이 설정된 *entity.User 타입값을 생성하는 fixture 함수다. testutil/fixture/user.go 파일에 저장해둔다. 테스트 코드 내에서 필드 값을 사용하는 경우는 인수 u를 경유해서 특정 값을 필드에 설정하면 된다.

코드 20.16 *entity.User 타입값을 생성하는 fixture 함수　　　　　File testutil/fixture/user.go

```go
package fixture

import (
  "math/rand"
  "strconv"
  "time"

  "github.com/budougumi0617/go_todo_app/entity"
)

func User(u *entity.User) *entity.User {
  result := &entity.User{
    ID:       entity.UserID(rand.Int()),
    Name:     "budougumi" + strconv.Itoa(rand.Int())[:5],
    Password: "password",
    Role:     "admin",
    Created:  time.Now(),
    Modified: time.Now(),
  }
  if u == nil {
    return result
```

```
  }
  if u.ID != 0 {
    result.ID = u.ID
  }
  if u.Name != "" {
    result.Name = u.Name
  }
  if u.Password != "" {
    result.Password = u.Password
  }
  if u.Role != "" {
    result.Role = u.Role
  }
  if !u.Created.IsZero() {
    result.Created = u.Created
  }
  if !u.Modified.IsZero() {
    result.Modified = u.Modified
  }
  return result
}
```

GenerateToken 메서드용 테스트 코드

코드 20.17은 GenerateToken 메서드용 테스트 코드다. 앞서 작성한 픽스처 함수와 자동 생성한 목mock 함수를 사용하고 있다.

Store 인터페이스를 충족하는 타입의 값으로 *StoreMock 타입값을 사용한다. *StoreMock 타입에는 Save 메서드는 인수로 전달된 userID를 검증하도록 정의한다. GenerateToken 메서드의 인수인 entity.User 타입값은 앞서 작성한 fixture.User 함수에서 생성한 테스트 데이터다.

코드 20.17 GenerateToken 메서드용 테스트 코드   (File) auth/jwt_test.go

```
func TestJWTer_GenJWT(t *testing.T) {
  ctx := context.Background()
  wantID := entity.UserID(20)
  u := fixture.User(&entity.User{ID: wantID})
```

```
moq := &StoreMock{}
moq.SaveFunc = func(ctx context.Context, key string, userID entity.UserID) error {
  if userID != wantID {
    t.Errorf("want %d, but got %d", wantID, userID)
  }
  return nil
}
sut, err := NewJWTer(moq, clock.RealClocker{})
if err != nil {
  t.Fatal(err)
}
got, err := sut.GenerateToken(ctx, *u)
if err != nil {
  t.Fatalf("not want err: %v", err)
}
if len(got) == 0 {
  t.Errorf("token is empty")
}
}
```

● HTTP 요청에서 JWT 받기

JWT를 생성했으니 다음은 토큰을 받는 메서드를 구현한다. 이번 실습에서는 서버 측은 클라이언트 HTTP 요청의 Authorization 요청 헤더에 JWT가 부여돼 있다고 가정한다.

JWT를 받기 위한 구현이 코드 20.18이다. github.com/lesttrat-go/jwx/v2/jwt 패키지의 jwt.ParseRequest 함수[204]를 이용하면 HTTP 요청으로부터 JWT인 jwt.token 인터페이스를 충족하는 타입의 값을 받을 수 있다.

jwt.WithKey 함수는 서명을 검증하는 알고리즘과 사용하는 키를 지정한다. jwt.With Validate 함수를 사용하고 있어서 검증은 따로 하지 않는다. 의존성 주입하고 있는 *auth.JWTer.Clocker 필드를 기반으로 검증하기 때문이다.

---

204 https://pkg.go.dev/github.com/lestrrat-go/jwx/v2@v2.0.2/jwt#ParseRequest

jwt.Validate 함수[205]에서 시간 정보를 유연하게 변경하며 검증한다. 또한, 공유 메모리에 JWT의 ID가 저장하고 있는지도 검증하고 있다.

코드 20.18 HTTP 요청으로부터 JWT를 받는 GetToken 메서드 구현　　(File) auth/jwt.go

```go
func (j *JWTer) GetToken(ctx context.Context, r *http.Request) (jwt.Token, error) {
  token, err := jwt.ParseRequest(
    r,
    jwt.WithKey(jwa.RS256, j.PublicKey),
    jwt.WithValidate(false),
  )
  if err != nil {
    return nil, err
  }
  if err := jwt.Validate(token, jwt.WithClock(j.Clocker)); err != nil {
    return nil, fmt.Errorf("GetToken: failed to validate token: %w", err)
  }
  // 레디스에서 삭제해서 수동으로 expire시키는 경우도 있다.
  if _, err := j.Store.Load(ctx, token.JwtID()); err != nil {
    return nil, fmt.Errorf("GetToken: %q expired: %w", token.JwtID(), err)
  }
  return token, nil
}
```

GetToken 메서드의 테스트 코드

*auth.JWTer.GetToken 메서드의 테스트 코드로 성공 시나리오를 검증하는 TestJWTer_GetJWT 함수다. 코드 20.19가 이에 해당한다.

다음과 같은 순서로 테스트를 준비하고 있다.

- clock.FixedClocker 타입으로 시간을 고정한다.
- JWT를 사용해 서명이 끝난 액세스 토큰 문자열을 준비한다.
- 목mock을 사용해 공유 메모리 저장을 변경한다.
- 생성한 액세스 토큰 문자열을 사용해 HTTP 요청을 작성한다.

205　https://pkg.go.dev/github.com/lestrrat-go/jwx/v2@v2.0.2/jwt#Validate

```go
func TestJWTer_GetJWT(t *testing.T) {
  t.Parallel()

  c := clock.FixedClocker{}
  want, err := jwt.NewBuilder().
    JwtID(uuid.New().String()).
    Issuer(`github.com/budougumi0617/go_todo_app`).
    Subject("access_token").
    IssuedAt(c.Now()).
    Expiration(c.Now().Add(30*time.Minute)).
    Claim(RoleKey, "test").
    Claim(UserNameKey, "test_user").
    Build()
  if err != nil {
    t.Fatal(err)
  }
  pkey, err := jwk.ParseKey(rawPrivKey, jwk.WithPEM(true))
  if err != nil {
    t.Fatal(err)
  }
  signed, err := jwt.Sign(want, jwt.WithKey(jwa.RS256, pkey))
  if err != nil {
    t.Fatal(err)
  }
  userID := entity.UserID(20)
  ctx := context.Background()
  moq := &StoreMock{}
  moq.LoadFunc = func(ctx context.Context, key string) (entity.UserID, error) {
    return userID, nil
  }
  sut, err := NewJWTer(moq, c)
  if err != nil {
    t.Fatal(err)
  }

  req := httptest.NewRequest(
    http.MethodGet,
    `https://github.com/budougumi0617`,
    nil,
  )
  req.Header.Set(`Authorization`, fmt.Sprintf(`Bearer %s`, signed))
```

```
  got, err := sut.GetToken(ctx, req)
  if err != nil {
  t.Fatalf("want no error, but got %v", err)
  }
  if !reflect.DeepEqual(got, want) {
    t.Errorf("GetToken() got = %v, want %v", got, want)
  }
}
```

코드 20.20은 *auth.JWTer.GetToken 메서드가 실패하는 케이스를 테스트 코드로 구현한 것이다. 기본적인 순서는 코드 20.19와 같다. 유효 기간이 끝난 토큰이 사용된 경우와 레디스에 데이터가 남지 않은 경우를 고려해서 DI 하는 시간 정보나 목mock 반환 값을 변경하고 있다.

코드 20.20 *auth.JWTer.GetToken 메서드가 실패하는 테스트 케이스   (File) auth/jwt_test.go

```go
type FixedTomorrowClocker struct{}

func (c FixedTomorrowClocker) Now() time.Time {
  return clock.FixedClocker{}.Now().Add(24 * time.Hour)
}

func TestJWTer_GetJWT_NG(t *testing.T) {
  t.Parallel()

  c := clock.FixedClocker{}
  tok, err := jwt.NewBuilder().
    JwtID(uuid.New().String()).
    Issuer(`github.com/budougumi0617/go_todo_app`).
    Subject("access_token").
    IssuedAt(c.Now()).
    Expiration(c.Now().Add(30*time.Minute)).
    Claim(RoleKey, "test").
    Claim(UserNameKey, "test_user").
    Build()
  if err != nil {
    t.Fatal(err)
  }
  pkey, err := jwk.ParseKey(rawPrivKey, jwk.WithPEM(true))
  if err != nil {
```

```go
      t.Fatal(err)
}
signed, err := jwt.Sign(tok, jwt.WithKey(jwa.RS256, pkey))
if err != nil {
  t.Fatal(err)
}

type moq struct {
  userID entity.UserID
  err    error
}
tests := map[string]struct {
  c   clock.Clocker
  moq moq
}{
  "expire": {
    // 토큰의 expire 시간보다 미래 시간을 반환한다.
    c: FixedTomorrowClocker{},
  },
  "notFoundInStore": {
    c: clock.FixedClocker{},
    moq: moq{
      err: store.ErrNotFound,
    },
  },
}
for n, tt := range tests {
  tt := tt
  t.Run(n, func(t *testing.T) {
    t.Parallel()
    ctx := context.Background()
    moq := &StoreMock{}
    moq.LoadFunc = func(ctx context.Context, key string) (entity.UserID, error) {
      return tt.moq.userID, tt.moq.err
    }
    sut, err := NewJWTer(moq, tt.c)
    if err != nil {
      t.Fatal(err)
    }

    req := httptest.NewRequest(
      http.MethodGet,
      `https://github.com/budougumi0617`,
```

```
      nil,
    )
    req.Header.Set(`Authorization`, fmt.Sprintf(`Bearer %s`, signed))
    got, err := sut.GetToken(ctx, req)
    if err == nil {
      t.Errorf("want error, but got nil")
    }
    if got != nil {
      t.Errorf("want nil, but got %v", got)
    }
  })
  }
}
```

● JWT 정보를 context.Context 타입값에 넣기

JWT를 생성 및 받아올 수 있게 됐다. 하지만 애플리케이션 코드에서 매번 JWT를 생성해 사용하는 것은 비효율적이다. 따라서 context.Context 타입값에 JWT에서 가져온 사용자 ID와 권한 정보를 설정한다.

코드 20.21은 JWT와 관련된 context.Context 타입값을 처리하는 코드다. context.WithValue 함수로 값을 설정할 때는 struct{} 타입에서 정의한 Defined Type을 사용한다.

코드 20.21 JWT와 관련된 context.Context 타입값 처리   (File) auth/jwt.go

```
type userIDKey struct{}
type roleKey struct{}

func SetUserID(ctx context.Context, uid entity.UserID) context.Context {
  return context.WithValue(ctx, userIDKey{}, uid)
}

func GetUserID(ctx context.Context) (entity.UserID, bool) {
  id, ok := ctx.Value(userIDKey{}).(entity.UserID)
  return id, ok
}
func SetRole(ctx context.Context, tok jwt.Token) context.Context {
```

```
  get, ok := tok.Get(RoleKey)
  if !ok {
    return context.WithValue(ctx, roleKey{}, "")
  }
  return context.WithValue(ctx, roleKey{}, get)
}

func GetRole(ctx context.Context) (string, bool) {
  role, ok := ctx.Value(roleKey{}).(string)
  return role, ok
}
```

코드 20.22는 한 번의 처리로 *http.Request 타입값에 사용자 ID와 권한 정보를 포함

시키는 FillContext 메서드다.

코드 20.22 JWX로부터 받은 데이터를 context.Context 타입값에 포함시킨다   (File) auth/jwt.go

```
func (j *JWTer) FillContext(r *http.Request) (*http.Request, error) {
  token, err := j.GetToken(r.Context(), r)
  if err != nil {
    return nil, err
  }
  uid, err := j.Store.Load(r.Context(), token.JwtID())
  if err != nil {
    return nil, err
  }

  ctx := SetUserID(r.Context(), uid)
  ctx = SetRole(ctx, token)
  clone := r.Clone(ctx)
  return clone, nil
}
```

코드 20.23과 같이 관리자 권한 유무를 검증하는 IsAdmin 함수도 준비한다.

코드 20.23 전달된 context.Context 타입값에서 관리자 권한 유무를 확인한다   (File) auth/jwt.go

```
func IsAdmin(ctx context.Context) bool {
  role, ok := GetRole(ctx)
  if !ok {
```

```
        return false
    }
    return role == "admin"
}
```

이상으로 JWT의 액세스 토큰을 사용하기 위한 auth 패키지 구현이 끝났다. 다음은 로그인 엔드포인트를 구현한다.

085 사용자 로그인 엔드포인트 구현

로그인에 성공하면 JWT를 사용해 액세스 토큰을 발행하는 엔드포인트를 구현한다. 이 엔드포인트의 기능은 다음과 같다.

- POST /register 엔드포인트를 사용해 등록 완료한 사용자를 대상으로 한다.
- POST /login로 사용자명과 패스워드를 포함한 요청을 받는다.
- 인증 성공한 사용자에게는 액세스 토큰을 발행한다.
  - ▶ 액세스 토큰의 유효 기간은 30분
  - ▶ 액세스 토큰은 변조 방지를 위해 서명된 것으로 로그인 정보가 포함된다.
  - ▶ 액세스 토큰에는 다음 정보가 포함된다.
    - ▷ 사용자명
    - ▷ 권한
- 애플리케이션은 액세스 토큰으로부터 사용자 ID를 검색할 수 있다.

● handler 패키지 구현

먼저 handler 패키지에 HTTP 핸들러 로직을 추가한다. handler/login.go 파일에 코드 20.24를 작성한다. *handler.Login.ServeHTTP 메서드는 입출력 JSON을 구성하는 역할만 한다.

코드 20.24 로그인을 접수하는 핸들러 구현   (File) handler/login.go

```go
package handler

import (
  "encoding/json"
  "net/http"

  "github.com/go-playground/validator/v10"
)
```

```go
type Login struct {
  Service   LoginService
  Validator *validator.Validate
}

func (l *Login) ServeHTTP(w http.ResponseWriter, r *http.Request) {
  ctx := r.Context()
  var body struct {
    UserName string `json:"user_name" validate:"required"`
    Password string `json:"password" validate:"required"`
  }
  if err := json.NewDecoder(r.Body).Decode(&body); err != nil {
    RespondJSON(ctx, w, &ErrResponse{
      Message: err.Error(),
    }, http.StatusInternalServerError)
    return
  }
  err := l.Validator.Struct(body)
  if err != nil {
    RespondJSON(ctx, w, &ErrResponse{
      Message: err.Error(),
    }, http.StatusBadRequest)
    return
  }
  jwt, err := l.Service.Login(ctx, body.UserName, body.Password)
  if err != nil {
    RespondJSON(ctx, w, &ErrResponse{
      Message: err.Error(),
    }, http.StatusInternalServerError)
    return
  }
  rsp := struct {
    AccessToken string `json:"access_token"`
  }{
    AccessToken: jwt,
  }

  RespondJSON(ctx, w, rsp, http.StatusOK)
}
```

LoginService 인터페이스를 handler/service.go 파일에 추가하며 go:generate 디렉티브에도 추가한 후 make generate 명령을 실행한다.

코드 20.25 LoginService 인터페이스 정의 File handler/service.go

```go
package handler

import (
  "context"

  "github.com/budougumi0617/go_todo_app/entity"
)

//go:generate go run github.com/matryer/moq -out moq_test.go . ListTasksService
AddTaskService RegisterUserService LoginService
// 다른 인터페이스 정의는 생략

type LoginService interface {
  Login(ctx context.Context, name, pw string) (string, error)
}
```

handler.Login 타입의 테스트 코드 구현

*handler.Login.ServeHTTP 메서드의 테스트 코드가 코드 20.26이다. *handler.Login 타입에서도 별도 파일을 사용한 골든 테스트와 테이블 테스트를 실시한다.

코드 20.26 *handler.Login.ServeHTTP 메서드의 테스트 File handler/login_test.go

```go
package handler

import (
  "bytes"
  "context"
  "errors"
  "net/http"
  "net/http/httptest"
  "testing"

  "github.com/budougumi0617/go_todo_app/testutil"
  "github.com/go-playground/validator/v10"
```

```
)

func TestLogin_ServeHTTP(t *testing.T) {
  type moq struct {
    token string
    err   error
  }
  type want struct {
    status  int
    rspFile string
  }
  tests := map[string]struct {
    reqFile string
    moq     moq
    want    want
  }{
    "ok": {
      reqFile: "testdata/login/ok_req.json.golden",
      moq: moq{
        token: "from_moq",
      },
      want: want{
        status:  http.StatusOK,
        rspFile: "testdata/login/ok_rsp.json.golden",
      },
    },
    "badRequest": {
      reqFile: "testdata/login/bad_req.json.golden",
      want: want{
        status:  http.StatusBadRequest,
        rspFile: "testdata/login/bad_rsp.json.golden",
      },
    },
    "internal_server_error": {
      reqFile: "testdata/login/ok_req.json.golden",
      moq: moq{
        err: errors.New("error from mock"),
      },
      want: want{
        status:  http.StatusInternalServerError,
        rspFile: "testdata/login/internal_server_error_rsp.json.golden",
      },
    },
```

```
  }
  for n, tt := range tests {
    tt := tt
    t.Run(n, func(t *testing.T) {
      t.Parallel()

      w := httptest.NewRecorder()
      r := httptest.NewRequest(
        http.MethodPost,
        "/login",
        bytes.NewReader(testutil.LoadFile(t, tt.reqFile)),
      )

      moq := &LoginServiceMock{}
      moq.LoginFunc = func(ctx context.Context, name, pw string) (string, error) {
        return tt.moq.token, tt.moq.err
      }
      sut := Login{
        Service:   moq,
        Validator: validator.New(),
      }
      sut.ServeHTTP(w, r)

      resp := w.Result()
      testutil.AssertResponse(t,
        resp, tt.want.status, testutil.LoadFile(t, tt.want.rspFile),
      )
    })
  }
}
```

코드 20.27은 테스트가 사용하는 JSON 파일의 내용이다.

코드 20.27 TestLogin_ServeHTTP 함수에서 사용하는 JSON 파일

```
// handler/testdata/login/bad_req.json.golden
{
  "user_name": "budougumi0617",
  "passward": "test"
}


// handler/testdata/login/bad_rsp.json.golden
```

```
{
    "message": "Key: 'Password' Error:Field validation for 'Password' failed on
the 'required'
tag"
}

// handler/testdata/login/internal_server_error_rsp.json.golden
{
    "message": "error from mock"
}

// handler/testdata/login/ok_req.json.golden
{
    "user_name": "budougumi0617",
    "password": "test"
}

// handler/testdata/login/ok_rsp.json.golden
{
    "access_token": "from_moq"
}
```

참고로 handler/testdata/login/bad_rsp.json.golden 파일의 오류를 보면 "Key:
'Password' Error:Field validation for ...라고 되어 있다. 프로그래밍 언어 고유의
정보를 외부 응답에 포함시키는 취약한 보안으로 이어지므로 원래는 응답에 포함시켜
서는 안 된다.

● service 패키지 구현

코드 20.28은 service 패키지에 추가한 service/login.go 파일의 내용이다. 테스트를
고려해서 *store.Repository 타입과 *auth.JWTer을 직접 참조하지 않고, 코드 20.29
처럼 UserGetter 인터페이스나 TokenGenerator 인터페이스를 정의한다.

*entity.User.ComparePassword 메서드는 코드 20.30에 있는 것처럼 해시화해서 데
이터베이스에 저장한 패스워드와 입력된 패스워드를 비교하는 메서드다.

golang.org/x/crypto/bcrypt 패키지를 go get 명령으로 설치해야 한다.

코드 20.28 **로그인 정보 검증과 액세스 토큰 생성**

```go
package service

import (
  "context"
  "fmt"

  "github.com/budougumi0617/go_todo_app/store"
)

type Login struct {
  DB             store.Queryer
  Repo           UserGetter
  TokenGenerator TokenGenerator
}

func (l *Login) Login(ctx context.Context, name, pw string) (string, error) {
  u, err := l.Repo.GetUser(ctx, l.DB, name)
  if err != nil {
    return "", fmt.Errorf("failed to list: %w", err)
  }
  if err := u.ComparePassword(pw); err != nil {
    return "", fmt.Errorf("wrong password: %w", err)
  }
  jwt, err := l.TokenGenerator.GenerateToken(ctx, *u)
  if err != nil {
    return "", fmt.Errorf("failed to generate JWT: %w", err)
  }

  return string(jwt), nil
}
```

코드 20.29 **service 패키지에 정의한 인터페이스**

```go
package service

import (
  "context"
```

```
    "github.com/budougumi0617/go_todo_app/entity"
    "github.com/budougumi0617/go_todo_app/store"
)

//go:generate go run github.com/matryer/moq -out moq_test.go . TaskAdder
TaskLister UserRegister UserGetter TokenGenerator
type TaskAdder interface {
    AddTask(ctx context.Context, db store.Execer, t *entity.Task) error
}

type TaskLister interface {
    ListTasks(ctx context.Context, db store.Queryer, id entity.UserID) (entity.
Tasks, error)
}

type UserRegister interface {
    RegisterUser(ctx context.Context, db store.Execer, u *entity.User) error
}

type UserGetter interface {
    GetUser(ctx context.Context, db store.Queryer, name string) (*entity.User, error)
}

type TokenGenerator interface {
    GenerateToken(ctx context.Context, u entity.User) ([]byte, error)
}
```

코드 20.30 **entity/user.go 파일에 추가한 패스워드 검증 로직** ⬭File entity/user.go

```
func (u *User) ComparePassword(pw string) error {
    return bcrypt.CompareHashAndPassword([]byte(u.Password), []byte(pw))
}
```

● store 패키지 구현

코드 20.31은 영구화된 *entity.User 타입값을 가져오는 구현이다. github.com/
jmoiron/sqlx 패키지에 정의된 *sqlx.DB.GetContext 메서드를 사용하면 쿼리 실행
결과가 설정된 구조체를 쉽게 얻을 수 있다.

코드 20.31 **store/user.go** 파일에 추가한 ***store.Repository.GetUser** 메서드   (File) store/user.go

```go
func (r *Repository) GetUser(
  ctx context.Context, db Queryer, name string,
) (*entity.User, error) {
  u := &entity.User{}
  sql := `SELECT
    id, name, password, role, created, modified
    FROM user WHERE name = ?`
  if err := db.GetContext(ctx, u, sql, name); err != nil {
    return nil, err
  }
  return u, nil
}
```

● NewMux 함수에 로그인 엔드포인트 정의하기

mux.go 파일의 NewMux 함수에 POST /login 엔드포인트 정의를 추가한다.

코드 20.32 **POST /login** 엔드포인트를 추가한다   (File) mux.go

```go
func NewMux(ctx context.Context, cfg *config.Config) (http.Handler, func(), error) {
  mux := chi.NewRouter()
  mux.HandleFunc("/health", func(w http.ResponseWriter, r *http.Request) {
    w.Header().Set("Content-Type", "application/json; charset=utf-8")
    _, _ = w.Write([]byte(`{"status": "ok"}`))
  })
  v := validator.New()
  db, cleanup, err := store.New(ctx, cfg)
  if err != nil {
    return nil, cleanup, err
  }
  clocker := clock.RealClocker{}
  r := store.Repository{Clocker: clocker}
  rcli, err := store.NewKVS(ctx, cfg)
  if err != nil {
    return nil, cleanup, err
  }
  jwter, err := auth.NewJWTer(rcli, clocker)
  if err != nil {
    return nil, cleanup, err
  }
```

```
    l := &handler.Login{
      Service: &service.Login{
        DB:              db,
        Repo:            &r,
        TokenGenerator: jwter,
      },
      Validator: v,
    }
    mux.Post("/login", l.ServeHTTP)
    at := &handler.AddTask{
      Service:   &service.AddTask{DB: db, Repo: &r},
      Validator: v,
    }
    lt := &handler.ListTask{
      Service: &service.ListTask{DB: db, Repo: &r},
  }

// 나머지 엔드포인트 정의
```

이것으로 새로운 엔드포인트가 추가됐다.

● 로그인 엔드포인트 동작 확인

curl 명령으로 POST /login 엔드포인트에 등록이 끝난 사용자 인증 정보를 전송하면
다음과 같은 응답이 반환된다.

코드 20.33 로그인 성공 시의 응답

```
$ curl -XPOST localhost:18000/login -d '{"user_name": "john", "password":"test"}'
| jq
% Total % Received % Xferd Average Speed Time  Time  Time Current
                            Dload  Upload Total Spent Left Speed
100 1019 100  979 100  40 8475 346 --:--:-- --:--:-- --:--:-- 9263
{
"access_token": "eyJhbGciOiJSUzI1NiIsInR5cCI6IkpXVCJ9.eyJleHAiOjE2NTQwMjg1ODcsIm
lhdCI6MTY1NDAyNjc4NywiaXNzIjoiZ2l0aHViLmNvbS9idWRvdWd1bWkwNjE3L2dvX3RvZG9fYXBwIi
wianRpIjoiMjY4M2RhNjgtYzFmZi00MDUzLTkzZWQtOGMxMTRhZTA0NjQ4Iiwicm9sZSI6InVzZXIiL
CJzdWIiOiJhY2Nlc3NfdG9rZW4iLCJ1c2VyX25hbWUiOiJqb2huIn0.MYfov-drJ_m7Z1N6E8etOww-
0PL7QzFmZu4z3F8xLEVVwYPGC6iZB525cAJXebBqmtFR0aFE_Dh7_3QiiJkXSmn-CE-k1byutRThKXY-
I-uUnJc6_dH7GNAZaaHdvjJqUzIsFQikoNERjf2YB3rS_I9PCZBMTlYImwJQo3spVgGLHCJFsS6iiY
```

```
c4lZnAbb1VjJkPA1-AsSKM6DnGMTFQc3t8uQIEM8gYsPPFee4jr6aDgKMh8BoO1riROYwq0uls
uBH-gPG4COYyIe-MSrRXUZrwOcrfVjMrK0sjSA0iLb1KmHO_8eVQ3Ms8YdrdmPeREHFhWX1aiYLRG
Vx1irNmaF0tEcd45u-BBQ8LxA7RUjvffWkZZAI9xrLfvO3AkkhTFratx1JxSsWzSrolDVF2fSReln
hdr5LcMtX28umGZfqtI2cPtzgGDx6FQ_NeHhcRYF83PMdbNmcyQs7QB957aY1VlV1SEVFLxpBTc4n
wEyG1or_jQl1H2kbGUC2v4LqTyJrjyeFmynuggguP0P24JlE9S-C57jKXd0amFwzAe2p996fZEBSjv
8qreQT6O6BCHX7pEJXtgOnCRhsD35I-Ml6C87x9oCBK8ef4qY1VOYWql6Ynj4oP72dUoDVZhigW2I-
PrHgIp0I48qYVMW9jYN-X3X9_Nr_y1BR24k37OQHs"
}
```

윈도우에서는 다음과 같이 입력하여 실행한다.

```
c:\curl -X POST localhost:18000/login -d "{\"user_name\": \"john\",
\"password\":\"test\"}"
```

응답에 포함돼 있는 `access_token`의 문자열을 https://jwt.io/로 해석한 결과가 코드 20.34이다. 일반적인 기본 정보 외에도 `user_name`, `role` 등의 키를 사용해 사용자명과 권한 정보를 포함한 것을 볼 수 있다.

코드 20.34 JWT 응답 확인

```
{
  "exp": 1654028587,
  "iat": 1654026787,
  "iss": "github.com/budougumi0617/go_todo_app",
  "jti": "2683da68-c1ff-4053-93ed-8c114ae04648",
  "role": "user",
  "sub": "access_token",
  "user_name": "john"
}
```

그림 20.1은 액세스 토큰 문자열을 검증한 결과다. 'VERIFY SIGNATURE'의 텍스트 영역에 공개키를 붙여넣기 하면 맞는 서명인지 확인해준다.

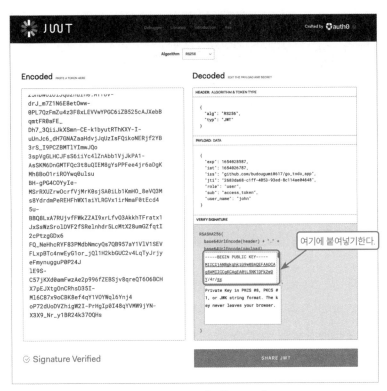

그림 20.1 **jwt.io를 사용한 JWT 검증**

086 미들웨어 패턴을 사용한 인증 기능

사용자명과 권한을 포함한 액세스 토큰을 발행하고 내용도 확인할 수 있었다. 액세스 토큰은 요청의 Authorization 헤더에 설정해서 사용하는 것을 전제로 한다.

인증 및 권한이 필요한 엔드포인트를 만들어도 단순히 HTTP 헤더에 JWT로 저장돼 있다면 service 패키지 등에서 참조할 수 없다. 이를 위해 미들웨어를 사용해 JWT에 포함된 인증 및 권한 정보를 요청의 context.Context 타입을 충족하는 값으로 설정한다.

● http.Request의 context.Context 타입값에 사용자 ID와 권한 포함시키기

먼저 handler/middleware.go 파일을 만들고 context.Context 타입값에 사용자 정보를 포함시키는 미들웨어를 작성한다.

코드 20.35에서는 액세스 토큰이 없는 경우 이 미들웨어에서 요청 처리를 종료해야 하므로 인증 처리도 같이 구현하고 있다.

코드 20.35 **액세스 토큰을 확인해서 사용자 ID와 권한을 포함시키는 미들웨어**　(File) handler/middleware.go

```go
func AuthMiddleware(j *auth.JWTer) func(next http.Handler) http.Handler {
  return func(next http.Handler) http.Handler {
    return http.HandlerFunc(func(w http.ResponseWriter, r *http.Request) {
      req, err := j.FillContext(r)
      if err != nil {
        RespondJSON(r.Context(), w, ErrResponse{
          Message: "not find auth info",
          Details: []string{err.Error()},
        }, http.StatusUnauthorized)
        return
      }
      next.ServeHTTP(w, req)
    })
```

```
    }
  }
```

● 요청 전송 사용자가 admin 권한인지 검증하기

코드 20.36은 권한을 확인하는 미들웨어다. 여기선 context.Context 타입값에 사용
자 정보가 포함돼 있다는 전제로 만들었으므로 미들웨어를 적용할 때에는 적용 순서
에 주의하도록 하자.

코드 20.36 **인증 정보로부터 admin 권한을 가진 사용자인지 확인하는 미들웨어** (File) handler/middleware.go

```go
func AdminMiddleware(next http.Handler) http.Handler {
  return http.HandlerFunc(func(w http.ResponseWriter, r *http.Request) {
    log.Print("AdminMiddleware")
    if !auth.IsAdmin(r.Context()) {
      RespondJSON(r.Context(), w, ErrResponse{
        Message: "not admin",
      }, http.StatusUnauthorized)
      return
    }
    next.ServeHTTP(w, r)
  })
}
```

087 요청에 포함된 인증과 권한 정보를 사용한 엔드포인트 보호

로그인 후에 HTTP 요청에 인증 및 권한 정보가 부여되도록 구현했다. /tasks 엔드포인트를 수정해서 인증 및 권한 정보를 사용하게 만든다.

새로운 /tasks 엔드포인트의 기능은 다음과 같다.

- GET /tasks와 POST /tasks 엔드포인트는 인증을 완료한 사용자만 이용할 수 있다.
- POST /tasks 엔드포인트로 새로운 태스크를 저장할 때 태스크와 함께 사용자 정보도 저장한다.
- GET /tasks 엔드포인트를 실행하면 자신이 등록한 태스크만 열람할 수 있다.

● 테이블 정의 마이그레이션

먼저 각 태스크에 사용자 정보를 저장하기 위해 task 테이블을 마이그레이션한다. 이 책에서는 mysqldef 명령을 이용하므로 _tools/mysql/schema.sql 파일의 task 테이블 정의를 원하는 정의로 변경하기만 하면 된다.

코드 20.37은 task 테이블에 user_id 컬럼과 외부 키 제약을 추가한 테이블 정의다. _tools/mysql/schema.sql을 수정한 후 make dry-migrate 명령을 실행하면 자동 계산된 ALTER 문이 생성된다.

make migrate 명령을 실행하면 마이그레이션이 완료된다. task 테이블에 레코드가 존재한 경우는 외부 키 제약으로 마이그레이션이 실패하므로 레코드를 삭제한 후 실행한다.

코드 20.37 새로운 task 테이블 정의   (File) _tools/mysql/schema.sql

```
CREATE TABLE `task`
(
    `id`        BIGINT UNSIGNED NOT NULL AUTO_INCREMENT COMMENT '태스크 식별자',
```

```
    `user_id` BIGINT UNSIGNED NOT NULL COMMENT '태스크를 작성한 사용자의 ID',
    `title`    VARCHAR(128) NOT NULL COMMENT '태스크 타이틀',
    `status`   VARCHAR(20)  NOT NULL COMMENT '태스크 상태',
    `created`  DATETIME(6) NOT NULL COMMENT '레코드 작성 시간',
    `modified` DATETIME(6) NOT NULL COMMENT '레코드 수정 시간',
    PRIMARY KEY (`id`),
    CONSTRAINT `fk_user_id`
        FOREIGN KEY (`user_id`) REFERENCES `user` (`id`)
            ON DELETE RESTRICT ON UPDATE RESTRICT
) Engine=InnoDB DEFAULT CHARSET=utf8mb4 COMMENT='태스크';
```

코드 20.38 **make dry-migrate** 명령 실행

```
$ make dry-migrate
mysqldef -u todo -p todo -h 127.0.0.1 -P 33306 todo --dry-run < ./_tools/mysql/
schema.sql
-- dry run --
ALTER TABLE `task` ADD COLUMN `user_id` bigint UNSIGNED NOT NULL COMMENT '태스크
를 작성한 사용자의 ID' AFTER `id`;
ALTER TABLE `task` ADD CONSTRAINT `fk_user_id` FOREIGN KEY (`user_id`) REFERENCES
`user` (`id`)
ON DELETE RESTRICT ON UPDATE RESTRICT;
```

● **entity.Task 구조체 변경**

로직을 수정하기 전에 entity.Task 타입을 변경한다. entity.Task 타입 변경은 코드
20.39와 같다. UserID 컬럼이 추가된 것이 전부다.

코드 20.39 **UserID 추가**   (File) entity/task.go

```go
type Task struct {
  ID       TaskID     `json:"id" db:"id"`
  UserID   UserID     `json:"user_id" db:"user_id"`
  Title    string     `json:"title" db:"title"`
  Status   TaskStatus `json:"status" db:"status"`
  Created  time.Time  `json:"created" db:"created"`
  Modified time.Time  `json:"modified" db:"modified"`
}
```

● 로그인 사용자만 태스크 추가하기

태스크 관련 엔드포인트를 인증 필수 엔드포인트로 수정하는 것이다. mux.go 파일의 NewMux 함수 내에 코드 20.40의 코드만 변경하면 된다.

github.com/go-chi/chi/v5 패키지는 chi.Router.Use 메서드를 사용해 서브 라우터의 엔드포인트 전체에 미들웨어를 적용할 수 있게 해준다.

코드 20.40 /tasks 엔드포인트에 AuthMiddleware를 적용한다   (File) mux.go

```
  at := &handler.AddTask{
      Service:    &service.AddTask{DB: db, Repo: &r},
      Validator: v,
  }
- mux.Post("/tasks", at.ServeHTTP)
  lt := &handler.ListTask{
      Service: &service.ListTask{DB: db, Repo: &r},
  }
- mux.Get("/tasks", lt.ServeHTTP)
+ mux.Route("/tasks", func(r chi.Router) {
+     r.Use(handler.AuthMiddleware(jwter))
+     r.Post("/", at.ServeHTTP)
+     r.Get("/", lt.ServeHTTP)
+ })
```

이것으로 로그인하지 않은 경우는 /tasks 엔드포인트에 접속할 수 없다. 또한, HTTP 핸들러 구현은 context.Context 타입값으로부터 사용자 ID와 로그인 권한을 가져올 수 있게 됐다.

● POST /tasks로 태스크 추가하기

POST /tasks로 태스크를 추가할 때는 사용자 정보를 태스크에 남긴다. 액세스 토큰으로부터 사용자 ID를 얻을 수 있으므로 entity.Task 타입값을 저장할 때에 사용자 ID도 함께 저장하도록 변경한다. 요청 바디 등은 변경할 것이 없으므로 실제 수정하는 것은 service 패키지다.

코드 20.41은 auth.GetUserID 메서드를 사용해 사용자 ID를 *entity.Task 타입값에 저장하도록 변경한 것이다.

코드 20.41 **사용자 ID를 태스크에 저장한다**　　　　　　　　　　　(File) service/add_task.go

```go
package service

import (
  "context"
  "fmt"

  "github.com/budougumi0617/go_todo_app/auth"
  "github.com/budougumi0617/go_todo_app/entity"
  "github.com/budougumi0617/go_todo_app/store"
)

type AddTask struct {
  DB   store.Execer
  Repo TaskAdder
}

func (a *AddTask) AddTask(ctx context.Context, title string) (*entity.Task, error) {
  id, ok := auth.GetUserID(ctx)
  if !ok {
    return nil, fmt.Errorf("user_id not found")
  }
  t := &entity.Task{
    UserID: id,
    Title:  title,
    Status: entity.TaskStatusTodo,
  }
  err := a.Repo.AddTask(ctx, a.DB, t)
  if err != nil {
    return nil, fmt.Errorf("failed to register: %w", err)
  }
  return t, nil
}
```

*store.Repository.AddTask 메서드의 변경 내용은 코드 20.42이다. *entity.Task 타입값의 필드로 전달된 사용자 ID를 SQL 쿼리에 포함하도록 변경하고 있다.

```go
func (r *Repository) AddTask(
  ctx context.Context, db Execer, t *entity.Task,
) error {
  t.Created = r.Clocker.Now()
  t.Modified = r.Clocker.Now()
  sql := `INSERT INTO task
      (user_id, title, status, created, modified)
  VALUES (?, ?, ?, ?, ?)`
  result, err := db.ExecContext(
    ctx, sql, t.UserID, t.Title, t.Status,
    t.Created, t.Modified,
  )
  if err != nil {
    return err
  }
  id, err := result.LastInsertId()
  if err != nil {
    return err
  }
  t.ID = entity.TaskID(id)
  return nil
}
```

● GET /tasks로 자신이 등록한 태스크만 열람할 수 있도록 변경 하기

GET /tasks는 자신이 등록한 태스크만 열람할 수 있도록 변경한다. 파라미터나 요청 바디가 늘어나는 것이 아니므로 handler 패키지는 변경하지 않는다.

코드 20.43은 context.Context 타입값에 포함되는 사용자 ID를 가져오도록 수정한 *service.ListTask.ListTasks 메서드다. auth.GetUserID 함수를 사용하면 쉽게 구 현할 수 있다.

---

206 코드 20.42의 테스트 코드는 store/task_test.go 파일 혹은 다음 주소를 참고하자.
    https://github.com/budougumi0617/go_todo_app/blob/v1.0.7/store/task_test.go

코드 20.43 **service.ListTask.ListTasks 메서드의 수정 내용**　(File) service/list_task.go

```go
func (l *ListTask) ListTasks(ctx context.Context) (entity.Tasks, error) {
  id, ok := auth.GetUserID(ctx)
  if !ok {
    return nil, fmt.Errorf("user_id not found")
  }
  ts, err := l.Repo.ListTasks(ctx, l.DB, id)
  if err != nil {
    return nil, fmt.Errorf("failed to list: %w", err)
  }
  return ts, nil
}
```

store 패키지의 변경도 코드 20.44에 있는 것처럼, 인수에 추가로 지정한 entity. UserID 타입값을 사용해 WHERE 구문만 추가하면 된다.

코드 20.44 **사용자 ID를 이용해 태스크를 검색한다**[207]　(File) store/task.go

```go
func (r *Repository) ListTasks(
  ctx context.Context, db Queryer, id entity.UserID,
) (entity.Tasks, error) {
  tasks := entity.Tasks{}
  sql := `SELECT
        id, user_id, title,
        status, created, modified
      FROM task
      WHERE user_id = ?;`
  if err := db.SelectContext(ctx, &tasks, sql, id); err != nil {
    return nil, err
  }
  return tasks, nil
}
```

하지만 store 패키지의 *store.Repository.ListTasks 메서드용 테스트 코드는 수정해야 할 부분이 꽤 많다.

207　코드 20.44 테스트 코드는 store/task_test.go 파일 혹은 다음 주소를 참고하자.
　　　https://github.com/budougumi0617/go_todo_app/blob/v1.0.7/service/interface.go

먼저 사전 데이터 준비 프로세스를 수정한다. 이번 수정에서는 task 테이블에 사용자 ID가 늘었으므로 사용자를 정의할 필요가 있었다. 코드 20.45에서는 prepareUser 함수를 사용해 사용자의 임시 데이터를 작성한다. prepareTasks 함수는 prepareUser 함수를 사용해 태스크를 등록한다. prepareTasks 함수에서는 사전 데이터로 세 개의 태스크를 등록하지만 그중 하나는 사용자 ID가 달라서 테스트에서는 두 개의 태스크만 반환된다.

코드 20.45 *store.Repository.ListTask 메서드용 테스트 준비   (File) store/task_test.go

```go
package store

import (
  "context"
  "testing"

  "github.com/DATA-DOG/go-sqlmock"
  "github.com/budougumi0617/go_todo_app/clock"
  "github.com/budougumi0617/go_todo_app/entity"
  "github.com/budougumi0617/go_todo_app/testutil"
  "github.com/budougumi0617/go_todo_app/testutil/fixture"
  "github.com/google/go-cmp/cmp"
  "github.com/jmoiron/sqlx"
)

func prepareUser(ctx context.Context, t *testing.T, db Execer) entity.UserID {
  t.Helper()
  u := fixture.User(nil)
  result, err := db.ExecContext(ctx, "INSERT INTO user (name, password, role, created, modified) VALUES (?, ?, ?, ?, ?);", u.Name, u.Password, u.Role, u.Created, u.Modified)
  if err != nil {
    t.Fatalf("insert user: %v", err)
  }
  id, err := result.LastInsertId()
  if err != nil {
    t.Fatalf("got user_id: %v", err)
  }
  return entity.UserID(id)
}
```

```go
func prepareTasks(ctx context.Context, t *testing.T, con Execer) (entity.UserID,
entity.Tasks) {
    t.Helper()
    userID := prepareUser(ctx, t, con)
    otherUserID := prepareUser(ctx, t, con)
    c := clock.FixedClocker{}
    wants := entity.Tasks{
        {
            UserID: userID,
            Title:  "want task 1", Status: "todo",
            Created: c.Now(), Modified: c.Now(),
        },
        {
            UserID: userID,
            Title:  "want task 2", Status: "done",
            Created: c.Now(), Modified: c.Now(),
        },
    }
    tasks := entity.Tasks{
        wants[0],
        {
            UserID: otherUserID,
            Title:  "not want task", Status: "todo",
            Created: c.Now(), Modified: c.Now(),
        },
        wants[1],
    }
    result, err := con.ExecContext(ctx,
        `INSERT INTO task (user_id, title, status, created, modified)
        VALUES
            (?, ?, ?, ?, ?),
            (?, ?, ?, ?, ?),
            (?, ?, ?, ?, ?);`,
        tasks[0].UserID, tasks[0].Title, tasks[0].Status, tasks[0].Created, tasks[0].
Modified,
        tasks[1].UserID, tasks[1].Title, tasks[1].Status, tasks[1].Created, tasks[1].
Modified,
        tasks[2].UserID, tasks[2].Title, tasks[2].Status, tasks[2].Created, tasks[2].
Modified,
    )
    if err != nil {
        t.Fatal(err)
    }
```

```
    id, err := result.LastInsertId()
    if err != nil {
      t.Fatal(err)
    }
    tasks[0].ID = entity.TaskID(id)
    tasks[1].ID = entity.TaskID(id + 1)
    tasks[2].ID = entity.TaskID(id + 2)
    return userID, wants
  }
```

코드 20.46이 *store.Repository.ListTasks 메서드용 테스트 로직이다. 사전 데이터
작성 결과로 얻은 사용자 ID를 이용해 쿼리를 실행하도록 변경했다.

코드 20.46 *store.Repository.ListTasks 메서드용 테스트   (File) store/task_test.go

```
func TestRepository_ListTasks(t *testing.T) {
  t.Parallel()

  ctx := context.Background()
  // entity.Task를 작성하는 다른 테스트 케이스와 섞이면 테스트가 실패한다.
  // 하지만 트랜잭션을 적용해서 이 테스트 케이스 내에서는 테이블 상태가 유지된다.
  tx, err := testutil.OpenDBForTest(t).BeginTxx(ctx, nil)
  // 이 테스트 케이스가 완료되면 원래대로 되돌린다.
  t.Cleanup(func() { _ = tx.Rollback() })
  if err != nil {
    t.Fatal(err)
  }
  wantUserID, wants := prepareTasks(ctx, t, tx)

  sut := &Repository{}
  gots, err := sut.ListTasks(ctx, tx, wantUserID)
  if err != nil {
    t.Fatalf("unexpected error: %v", err)
  }
  if d := cmp.Diff(gots, wants); len(d) != 0 {
    t.Errorf("differs: (-got +want)\n%s", d)
  }
}
```

● admin 권한 사용자만 접속할 수 있는 엔드포인트 만들기

마지막으로 AdminMiddleware 동작 확인을 위해서 /admin 엔드포인트를 구현한다. 여기선 엔드포인트 내용 자체는 중요하지 않으므로 mux.go 파일의 NewMux 함수에 직접 엔드포인트의 HTTP 핸들러를 추가한다.

먼저 AdminMiddleware의 영향 범위를 /admin 엔드포인트로 제한하기 위해서 코드 20.40에서 설정한 /tasks처럼 서브 라우터를 생성한다.

미들웨어의 적용 순서를 고려하면서 구현한 것이 코드 20.47이다. 코드 20.47에선 액세스 토큰에서 얻은 사용자 ID와 권한을 handler.AuthMiddleWare를 실행해서 http.Request 타입값의 일부인 context.Context 타입값에 포함시키고 있다. 그 후 handler.AdminMiddleWare를 실행한다.

코드 20.47 admin 권한만 접속할 수 있는 엔드포인트   (File) mux.go

```go
mux.Route("/admin", func(r chi.Router) {
  r.Use(handler.AuthMiddleware(jwter), handler.AdminMiddleware)
  r.Get("/", func(w http.ResponseWriter, r *http.Request) {
    w.Header().Set("Content-Type", "application/json; charset=utf-8")
    _, _ = w.Write([]byte(`{"message": "admin only"}`))
  })
})
```

 **동작 확인**

이상으로 모든 구현이 끝났다. 애플리케이션이 제공하는 엔드포인트는 표 20.1과 같다.

표 20.1 **엔드포인트 목록**

HTTP 메서드	패스	기능
POST	/register	새로운 사용자를 등록한다.
POST	/login	등록 완료한 사용자 정보로 액세스 토큰을 얻는다.
POST	/tasks	액세스 토큰을 사용해 태스크를 등록한다.
GET	/tasks	액세스 토큰을 사용해 태스크를 열람한다.
GET	/admin	관리자 권한 사용자만 접근할 수 있다.

각각의 엔드포인트가 제대로 동작하는지 확인해보자.

● 사용자 등록 후 액세스 토큰 발행

먼저 새로운 사용자를 등록해서 액세스 토큰을 발행해본다. "role": "admin"을 지정하고 있으므로 관리자 권한을 가진 사용자를 등록한다.[208]

코드 20.48 **액세스 토큰 발행**

```
$ curl -X POST localhost:18000/register -d '{"name": "admin_user", "password":
"test", "role": "admin"}'
{"id":30}
```

---

208 옮긴이 동작 확인을 위해선 컨테이너가 실행되고 있어야 한다. make up, make migrate 명령을 실행해두도록 하자.

윈도우에서는 다음과 같이 입력하여 실행한다.

```
c:\curl -X POST localhost:18000/register -d "{\"name\": \"admin_user\", \"passwor
d\":\"test\",\"role\":\"admin\"}"
```

틀린 패스워드를 사용해서 로그인하면 액세스 토큰을 얻을 수 없다.

코드 20.49 틀린 패스워드로 로그인을 시도한다

```
$ curl -XPOST localhost:18000/login -d '{"user_name": "admin_user", "password":
"test?"}'
{"message":"wrong password: crypto/bcrypt: hashedPassword is not the hash of the
given password"}
```

윈도우에서는 다음과 같이 입력하여 실행한다.

```
c:\curl -X POST localhost:18000/login -d "{\"user_name\": \"admin_user\",
\"password\":\"test1\"}"
```

맞는 패스워드로 로그인하면 액세스 토큰을 얻을 수 있다.

코드 20.50 맞는 패스워드를 사용해 로그인한다

```
$ curl -X POST localhost:18000/login -d '{"user_name": "admin_user", "password":
"test"}'
{"access_token":"eyJhbGciOiJ....."}
```

윈도우에서는 다음과 같이 입력하여 실행한다.

```
c:\curl -X POST localhost:18000/login -d "{\"user_name\": \"admin_user\", \"password\":
\"test\"}"
```

● 태스크를 등록해서 열람하기

앞서 발행한 액세스 토큰을 사용해서 태스크 관련 처리를 해보겠다. 먼저 POST /tasks 엔드포인트를 사용해서 복수의 태스크를 등록해보자.

코드 20.51 복수의 태스크 등록

```
$ export TODO_TOKEN=eyJhbGciOiJ....
$ curl -XPOST -H "Authorization: Bearer $TODO_TOKEN" localhost:18000/tasks -d @./
handler/
testdata/add_task/ok_req.json.golden
{"id":68}
$ curl -XPOST -H "Authorization: Bearer $TODO_TOKEN" localhost:18000/tasks -d @./
handler/
testdata/add_task/ok_req.json.golden
{"id":69}
```

윈도우[209]에서는 다음과 같이 입력하여 실행한다.

```
c:\go_todo_app-main\curl -XPOST -H "Authorization: Bearer eyJhbGciOiJSUzI1NiIsI
..생략" localhost:18000/tasks -d @handler/testdata/add_task/ok_req.json.golden
c:\go_todo_app-main\curl -XPOST -H "Authorization: Bearer eyJhbGciOiJSUzI1NiIsI
..생략" localhost:18000/tasks -d @handler/testdata/add_task/ok_req.json.golden
```

GET /tasks 엔드포인트를 실행해서 등록한 태스크를 불러오자.

코드 20.52 태스크 목록을 확인한다

```
$ curl -XGET -H "Authorization: Bearer $TODO_TOKEN" localhost:18000/tasks | jq
  % Total    % Received % Xferd  Average Speed   Time    Time    Time  Current
                                 Dload  Upload   Total   Spent   Left  Speed
100   113  100   113    0     0   4827      0 --:--:-- --:--:-- --:--:--  7062
[
  {
```

---

209 [옮긴이] 여기선 환경 변수 TODO_TOKEN에 액세스 토큰을 저장해서 사용한다. 윈도우에도 환경 변수 기능이 있지만 복잡하기 때문에 윈도우의 경우 Authorization 헤더의 $TODO_TOKEN 부분에 액세스 토큰을 바로 복사해서 실행 하도록 한다. 또한, 명령은 app의 루트 폴더에서 실행해야 한다. 여기선 c:\go_todo_app-main이 루트 폴더라고 가 정한다. Bearer 뒤의 액세스 토큰은 로그인에서 얻은 토큰으로 교체해야 한다.

```
    "id": 68,
    "title": "Implement a handler",
    "status": "todo"
  },
  {
    "id": 69,
    "title": "Implement a handler",
    "status": "todo"
  }
]
```

윈도우에서는 다음과 같이 입력하여 실행한다.

```
c:\curl -XGET -H "Authorization: Bearer eyJhbGciOiJSUzI1NiIsI ..생략"
localhost:18000/tasks
```

● 관리자 권한으로 엔드포인트 접근하기

관리자 권한으로 등록한 사용자이므로 GET /admin 엔드포인트를 사용할 수 있다.

코드 20.53 GET /admin 엔드포인트에 접근하기

```
$ curl -XGET -H "Authorization: Bearer $TODO_TOKEN" localhost:18000/admin
{"message": "admin only"}%
```

윈도우에서는 다음과 같이 입력하여 실행한다.

```
c:\curl -XGET -H "Authorization: Bearer eyJhbGciOiJSUzI1NiIsI ..생략"
localhost:18000/admin
```

● 다른 사용자가 등록한 태스크는 보이지 않는 것을 확인하기

관리자 권한이 아닌 "role": "user"라는 권한으로 새로운 사용자를 등록하고 액세스
토큰을 발행한다.

코드 20.54 사용자 등록 및 액세스 토큰 발행

```
$ curl -X POST localhost:18000/register -d '{"name": "normal_user", "password":
"testtest", "role":"user"}'
{"id":31}%

$ curl -XPOST localhost:18000/login -d '{"user_name": "normal_user",
"password":"testtest"}'
{"access_token":"eyJhbGciO....}%

$ export TODO_TOKEN=eyJhbGciO....
```

윈도우[210]에서는 다음과 같이 입력하여 실행한다.

```
c:\curl -X POST localhost:18000/register -d "{\"name\": \"normal_user\", \"passwo
rd\":\"testtest\",\"role\":\"user\"}"
c:\curl -X POST localhost:18000/login -d "{\"user_name\": \"normal_user\",
\"password\":\"testtest\"}"
```

GET /tasks 엔드포인트를 사용해서 앞서 다른 사용자가 등록한 태스크가 보이지 않는

것을 확인한다.

코드 20.55 GET /tasks 엔드포인트 호출

```
$ curl -XGET -H "Authorization: Bearer $TODO_TOKEN" localhost:18000/tasks | jq
  % Total    % Received % Xferd  Average  Speed Time    Time    Time    Current
                                 Dload    Upload Total   Spent   Left    Speed
100     2 100      2 0        0  98          0 --:--:-- --:--:-- --:--:-- 117
[]
```

윈도우에서는 다음과 같이 입력하여 실행한다.

```
c:\curl -XGET -H "Authorization: Bearer eyJhbGciOiJSUzI1NiIsI..생략"
localhost:18000/tasks
```

210　〔옮긴이〕환경 변수는 사용하지 않으므로 export 명령은 실행하지 않는다.

● 비관리자 권한의 사용자가 GET /admin에 접근할 수 없는 것을 확인하기

최종적으로 비관리자 권한의 사용자가 GET /admin에 엑세스할 수 없는 것을 확인한다.

코드 20.56 **비관리자 권한의 사용자는 GET /admin에 접근할 수 없다**

```
$ curl -XGET -H "Authorization: Bearer $TODO_TOKEN" localhost:18000/admin
{"message":"not admin"}%
```

윈도우에서는 다음과 같이 입력하여 실행한다.

```
c:\curl -XGET -H "Authorization: Bearer eyJhbGciOiJSUzI1NiIsI..생략"
localhost:18000/admin
```

"role": "user"라는 권한을 가진 사용자의 액세스 토큰으로는 GET /admin 엔드포인트에 접속해도 정상적인 응답을 받을 수 없다.

> COLUMN **한 줄 실행**

매번 토큰을 발행해서 export로 환경 변수에 등록하는 것이 귀찮다면 실행 시마다 토큰을 발행하는 방법이 있다. jq 명령[211]과 sed 명령을 사용해서 다음과 같이 단 한 줄의 명령줄만으로 실행할 수 있다.

코드 20.57 **한 줄 실행**

```
$ curl -XGET -H "Authorization: Bearer $(curl -XPOST localhost:18000/
login -d '{"user_ name": "admin_user", "password":"test"}' | jq
".access_token" | sed "s/\"//g")" localhost:18000/tasks | jq
```

---

211 https://jqlang.github.io/jq/

● 정리

이번 장에서는 인증 및 권한 기능을 구현하면서 다음과 같은 내용을 학습했다.

- 로컬 환경과 자동 테스트 환경에서 레디스 컨테이너를 실행했다.
- 레디스를 사용해 공유 메모리에 영구 저장하도록 구현했다.
- go:embed 디렉티브를 사용해 파일을 첨부했다.
- JWT를 사용해 액세스 토큰을 발해하고 인증 및 권한에 사용하도록 구현했다.
- 미들웨어 패턴과 context 패키지를 사용해 토큰 내부 정보를 투과적으로 HTTP 핸들러 내에서 사용할 수 있게 했다.
- 테스트의 사전 데이터 작성을 효율화하기 위해 픽스처 함수를 구현했다.

지금까지 점진적 구현 방법으로 main 함수부터 시작해서 인증, 권한 기능을 사용한 접속 제어를 구현하고, 데이터 표시 제한을 하는 ToDo 애플리케이션 서버를 개발할 수 있었다. 로그나 오류 처리 등의 이후 지속적으로 추가해야 할 기능이 얼마든지 있지만, 이 책에서는 일련의 동작 확인이 끝난 지금 단계에서 개발을 마무리한다.